BÜZZ

© 2019, Suh Yoon Lee and Jooyun Hong
© 2023, Buzz Editora
Edição publicada mediante acordo com Harmony Books, um selo da Random House, divisão da Penguim Random House LLC.
Todos os direitos desta edição reservados à Buzz Editora.

Publisher ANDERSON CAVALCANTE
Editoras SIMONE PAULINO, LUISA TIEPPO
Assistentes editoriais JOÃO LUCAS Z. KOSCE, LETÍCIA SARACINI, PEDRO ARANHA
Projeto gráfico ESTÚDIO GRIFO
Assistente de design NATHALIA NAVARRO
Preparação MARINA MUNHOZ
Revisão ELENA JUDENSNAIDER, VANESSA ALMEIDA

Dados Internacionais de Catalogação na Publicação (CIP) de acordo com ISBD

L477v
    Lee, Suh Yoon
    Você merece enriquecer: Desvende os segredos orientais da prosperidade financeira / Suh Yoon Lee, Jooyun Hong
    Traduzido por Erika Nogueira
    São Paulo: Buzz, 2023
    224 pp.

    Tradução de *The having: The Secret Art of Feeling and Growing Rich*

    ISBN 978-65-80435-61-6

    1. Autoajuda. 2. Sucesso. 3. Enriquecer. 4. Riqueza.
    I. Hong, Jooyun. II. Nogueira, Erika. III. Título.

2020-2854   CDD 158.1
                                           CDU 159.947

Elaborado por Vagner Rodolfo da Silva CRB-8/9410
Índice para catálogo sistemático:
1. Autoajuda 158.1   2. Autoajuda 159.947

Buzz Editora Ltda.
Av. Paulista, 726, mezanino
CEP 01310-100, São Paulo, SP
[55 11] 4171 2317
www.buzzeditora.com.br

Suh Yoon Lee
& Jooyun Hong

Você merece enriquecer

Desvende os segredos orientais da prosperidade financeira

TRADUÇÃO Erika Nogueira

7   Prólogo

PARTE I
- 17   1 A guru
- 21   2 Encontro com a guru
- 25   3 Reencontro
- 27   4 *Usufruir*
- 30   5 Os segredos do *Usufruir*
- 36   6 Qualquer um pode ser rico
- 42   7 Não demora tanto tempo assim
- 47   8 Esbanjar e ostentar

PARTE II
- 55   9 Luz do sol em Verona
- 58   10 Rico de verdade
- 63   11 Rico de mentira
- 67   12 A vida do rico de verdade
- 75   13 *Gui-in*

PARTE III
- 85   14 Começando a *Usufruir*
- 88   15 Comprar sapatos com *Usufruir*
- 92   16 A palavra-chave
- 98   17 Emoções
- 104 18 Sinais do *Usufruir*

PARTE IV
- 113 19 Um sinal vermelho
- 117 20 Sentir-se confortável
- 121 21 Treine os músculos da sua mente
- 127 22 Quando você não consegue deixar de ficar nervoso
- 135 23 Se você quiser demais uma coisa, ela não vai acontecer
- 138 24 Anotações sobre o *Usufruir*

PARTE V
- 145 25 Mudanças de vida
- 149 26 Boa sorte
- 153 27 Bali
- 156 28 O que é boa sorte?
- 161 29 O fluxo da sorte
- 165 30 A bifurcação da boa sorte
- 168 31 O poder do inconsciente
- 173 32 Coexistência

PARTE VI
- 180 33 Floresta de bambu
- 184 34 O fim da espera
- 188 35 O retorno de Saturno
- 193 36 Ideias fixas
- 199 37 É difícil ficar rico neste mundo?
- 203 38 Fuja da Matrix
- 207 39 O que eu realmente quero
- 210 40 Percorrendo o caminho

215 **Notas**

219 **Agradecimentos**

"Ela é uma mulher destinada a fazer os outros enriquecerem."

Essas palavras ecoaram na minha mente enquanto eu olhava para uma cadeia de montanhas infindável pela janela do avião. Imaginei que devíamos estar cruzando a Ásia. Eu estava a caminho da Europa para encontrar Suh Yoon Lee, conhecida como "a guru dos ricos". Meu pai tinha passado a vida inteira economizando dinheiro, até falecer alguns meses atrás. Antes de morrer, ele havia implorado para que eu encontrasse uma maneira de ficar rica sem sacrificar o presente pelo futuro. Eu, que já tinha sido jornalista, me informara um pouco e me dera conta de que apenas essa guru poderia me dar uma resposta. Ao olhar pela janela, eu me perguntei: "Quando a encontrar, será que também vou poder ficar rica?".

Mestre do Mindset (M.o.M.), Rainha dos *Insights*, *La Divina*, Oásis dos Desesperançados, Visionária-Chefe... Era uma lista de apelidos digna de Daenerys Targaryen (personagem de *Game of Thrones*), e a dona de todos esses nomes era Suh Yoon Lee, uma mulher bonita e fascinante que tinha por volta de 30 anos. Aos 6 anos, ela deu início ao trabalho de sua vida: observar a vida de outras pessoas e estudar os segredos da riqueza. Ela aconselhou pessoas ricas em sua adolescência, e aos 20 anos já consolidara seu nome como guru entre empresários conhecidos, conglomerados de imóveis e investidores. Diziam que as pessoas precisavam esperar mais de 1 ano para ouvir seus conselhos e que até candidatos à presidência e líderes de negócios mundiais a tinham consultado. Ela havia analisado mais de 100 mil casos de pessoas ricas e cruzado os resultados para descobrir o segredo da riqueza.

Um artigo de jornal a respeito de seu destino foi especialmente memorável. É tradição entre mercadores chineses ler a sorte uns dos outros antes de fazer negócio. A avó de Suh Yoon havia aprendido a técnica com os mercadores chineses com quem trabalhava em seu negócio de tecidos, então passou a ler a sorte de muitos de seus netos. Ela ficou surpresa com a de Suh Yoon. A neta, aos 6 anos, tinha o dom extraordinário de levar riqueza e sorte para muitas pessoas. Há até uma citação dela dizendo: "Esta criança está destinada a enriquecer os outros. Suh Yoon irá levar muitas pessoas à riqueza e curar seus corações".

Ali, tão longe, eu de repente comecei a ficar preocupada. E se Suh Yoon me dissesse que era impossível enriquecer neste novo mundo e que eu deveria parar de sonhar com isso? E se seus conselhos não funcionassem de modo algum – se me deixassem pior do que eu já estava? E se eu não tivesse entendido bem suas palavras e ela não quisesse de fato que eu fosse tão longe para encontrá-la?

Para desviar aqueles pensamentos que me desconcentravam, acendi a luz individual e peguei um caderno. Escrevi as perguntas que queria fazer quando encontrasse Suh Yoon:

O que posso fazer para ficar rica? Quer dizer, se eu puder enriquecer.
Eu posso enriquecer?
Quando serei rica?
Quanto dinheiro vou poder ter?
Posso ser rica sem sacrificar meu presente?

Enquanto isso, o avião descia. Minhas mãos e meus pés de repente começaram a tremer com a turbulência.

"Não tenho certeza, mas acho que a minha vida toda está prestes a mudar."

Meu pai adorava corvina amarela. É um peixe salgado, seco, do tamanho da palma da mão, que é vendido em porções de dez por cerca de 300 dólares e é servido sobretudo nos feriados tradicionais coreanos. Sempre que perguntavam para o meu pai qual era sua comida favorita, ele respondia da mesma maneira: corvina amarela. Ele falava do sabor salgado de que ele tinha degustado na casa de seus parentes quando era criança. Depois de um momento de reminiscência melancólica, passava a contar a mesma lenda popular.

"Há muito tempo, viveu um homem avarento que adorava corvina amarela. Como relutava em comer essa iguaria cara mesmo depois de ficar rico, pendurou uma corvina amarela no teto. Ele comia um pouco de arroz, olhava para a corvina amarela e dizia: 'Ah... é salgada'. Fazia isso dia após dia, comendo arroz enquanto olhava para o peixe cada vez mais estragado. Por fim o peixe apodreceu por completo, sem ser comido."

Você deve achar que a moral dessa história é que devemos aproveitar os prazeres da vida enquanto podemos. Mas não. Meu pai contava essa história porque ele admirava o avarento. Ele queria me ensinar que o dinheiro deve ser preservado e que as preferências devem ser reprimidas.

Quando eu era criança, o lema da minha família era: "Um centavo economizado é um centavo ganho". Durante cada refeição, meu pai ordenava que eu não deixasse sequer um grão de arroz ou uma gota de sopa no prato. Na infância, eu não tinha permissão de comprar guloseimas ou usar mais do que três folhas de papel higiênico, e tinha até que limitar quanta água eu usava no banho. Meu pai serviu de modelo com esse comportamento frugal; até depois, quando já podia arcar com o gasto, ele relutava em comprar corvina amarela.

Meu pai nasceu em Seul, na Coreia do Sul, no ano em que a Segunda Guerra Mundial acabou, e vivenciou a miséria depois que a Guerra da Coreia irrompeu, em 1950. Meu avô estava escondido para fugir do recrutamento, então meu pai, aos 6 anos, e seu irmão mais velho, ficaram incumbidos da tarefa de conseguir comida. À noite, os dois irmãos saíam furtivamente para colher grãos de arroz e palha de milho, e durante o dia eles recebiam alguns centavos vendendo sorvete na rua. Meu pai quase morreu de fome, vivendo à base de sopa com apenas algumas migalhas de arroz. Não ter o que jantar era mais aterrorizante para ele do que qualquer bronca da minha avó sempre que ele não conseguia vender sorvetes suficientes.

Ele era temeroso e ansioso quando se tratava de dinheiro desde aquela época. Anos mais tarde, meu pai costumava dizer: "Prefiro morrer do que ser pobre de novo". Para meu paizinho, falta de dinheiro significava fome, medo e até morte em potencial.

Uma noite, durante sua infância, meu pai chorou até dormir com a barriga vazia por alguns dias. Então ele acordou de repente com o som de alguém chorando.

"Eu sinto muito por deixar você com fome. Sinto muito mesmo."

Meu avô segurava a mão do meu pai e soluçava como uma criança. O rosto do meu avô estava magro de fome e coberto de lágrimas. Meu pai dizia que era a memória mais triste de sua vida inteira.

Eu me lembro do rosto enrugado do meu pai aos prantos enquanto contava essa história, e ela me angustia desde então.

Meu pai era um trabalhador dedicado mesmo quando criança. Ele era o único com diploma universitário dentre os cinco irmãos e trabalhou como engenheiro em uma das maiores empresas de indústria pesada na Coreia do Sul. Os anos 1970 e 1980 foram uma era de rápido crescimento econômico em seu ramo de atuação. Como muitos outros homens naquela época, meu pai trabalhava duro, virando a noite e estendendo aos fins de semana. Não importava quão cansado ele estivesse, dizia que tomar conta de mim e do meu irmão recarregava suas energias. Ele fez o melhor que pôde como provedor da família e nunca reclamou de exaustão. E não nos deixou chorando de fome uma única vez.

Meu pai dividia conosco o que tinha descoberto a respeito de dinheiro. Ele me dizia: "As pessoas podem perder seu dinheiro e a qualquer momento acabar sem um tostão. Gastar à vontade vai arruinar a sua vida. O dinheiro é para ser economizado, não usado".

Quando ele se aposentou, tinha mais do que o bastante para viver. Era proprietário de uma casa, tinha seguro de vida e dinheiro suficiente para viajar para o exterior sempre que quisesse. Seus filhos eram financeiramente independentes. Mas meu pai ficava bastante ansioso, acreditando que seu dinheiro poderia evaporar, e prestava atenção às histórias de falência e bancarrota para se manter vigilante quanto a seus gastos.

Em seus últimos anos de vida, sua rotina diária era muito simples. Meu pai acordava de manhã, fazia um pouco de exercício leve e jogava Go no computador. Ele almoçava de graça no centro de bem-estar para idosos e saía para caminhar ao longo do rio à tarde. Nunca fazia nada que custasse dinheiro e, por essa razão, não se juntava a seus amigos quando eles iam jogar golfe ou viajar para o exterior. Em vez disso, seu único hobby eram as caminhadas. Duas vezes por semana, meu pai calçava um par de botas de trilha e saía de casa bem cedo. Sempre que partia para suas caminhadas, sorria e dizia: "Não há nada mais livre do que caminhar. Tudo de que você precisa é um par de pernas fortes e uma garrafa de água".

Meu pai também suportava o frio e o calor o máximo que podia. Não ligava o ar-condicionado mesmo se estivesse quente o bastante para derreter manteiga. Ele vestia um suéter ou um casaco de inverno em dias de frio cortante. Não desperdiçava a água que usava para bochechar ou escovar os dentes: ele a recolhia em um grande balde e a usava para dar descarga e economizar um pouco nas contas.

Outro hobby do meu pai era recolher coisas que outras pessoas tinham jogado fora. Ele retirava roupas, sapatos, móveis ou aparelhos eletrônicos do lixo ou de casas das quais os antigos moradores haviam se mudado. Havia um cômodo da casa do meu pai abarrotado de coisas. Aquele cômodo, que mais parecia uma loja de quinquilharias, era como um verdadeiro baú de tesouros para ele. Sempre que abria aquela porta, meu pai, aos 70 anos, ficava maravilhado como uma criança.

Mas um dia sua vida mudou de repente.

Certa vez foi ao hospital para uma consulta para investigar sua perda de peso, e o médico disse, inexpressivo: "É câncer no pâncreas e já está muito avançado. Nós não podemos operar".

Meu pai ficou paralisado por causa do choque. Mal conseguiu abrir a boca e gaguejou: "Então, quanto... tempo eu tenho até...?".

Ele não conseguia falar a última palavra.

O médico, evitando os olhos desesperados do meu pai, murmurou o fim da frase. "Bem, é um pouco difícil dizer. Depende do paciente. Normalmente damos três ou seis meses em um caso como o seu..."

Meu pai se arrastou para fora do hospital. A luz do sol de agosto ainda estava brilhante e o mundo estava cheio de energia. As pessoas caminhavam ocupadas, falando ao telefone, e crianças brincavam alegremente. Mas o mundo do meu pai tinha parado. Ele andou por horas sem saber aonde estava indo. Quando voltou a si, tinha mais de vinte chamadas não atendidas da minha mãe. Ele pressionou debilmente o botão de chamada e disse hesitante: "Eu estou com câncer... câncer no pâncreas".

Quando fiquei sabendo do câncer do meu pai, também entrei em pânico. Eu nunca tinha visto meu pai doente na vida, nem sequer com um resfriado. Para mim, ele era forte como uma rocha, sólido como uma montanha. Eu não conseguia acreditar que um homem assim logo desapareceria. O que eu poderia fazer? Como poderia ajudar? A primeira coisa que me veio à mente foi a corvina amarela: o peixe favorito do meu pai, que era caro demais para ser comido. Corri para um mercado. Quando tentei pedir o peixe, lágrimas irromperam como se saíssem das profundezas do meu ser.

Eu me senti estúpida por só então decidir comprar aquele precioso agrado para o meu pai. Quantas chances eu teria de lhe oferecer sua comida preferida?

Infelizmente, aquela foi a primeira e última corvina amarela que mandei para ele. Minha mãe serviu o peixe em todas as refeições, mas meu pai não conseguia comer nem metade dos dez pedaços. As células cancerígenas estavam se propagando rapidamente e avançando sobre seu estômago.

Mesmo depois que adoeceu, meu pai nunca abriu mão de sua crença vitalícia nas economias. Na ala de oncologia, insistiu em ficar em um quarto com seis camas que custava menos de 10 dólares com a ajuda do plano de saúde. Quando outros pacientes faziam barulho, ele colocava protetores auriculares e fechava os olhos. Não podia assistir televisão quando quisesse e era difícil até conversar com sua família. Mas não importava quanto minha mãe implorasse para que ele mudasse para a ala particular, meu pai insistia em ficar onde estava.

Ele estava ficando mais fraco a cada dia ali. Suas costas eram pele e osso, e suas pernas inchavam. Um dia ele segurou minha mão e falou como se tivesse tido uma premonição.

"Eu quis ser rico a minha vida inteira, então só economizei. Não fiquei rico. Olhando para trás, me arrependo. Talvez eu tenha perdido alguns momentos maravilhosos porque estava preocupado em economizar... Retiro tudo que falei a você sobre ser frugal. Não se concentre em economizar – em vez disso, encontre uma maneira de ser rica de verdade. Descubra a resposta que busquei a minha vida inteira e não encontrei."

Foi a primeira vez, desde que me tornara adulta, que meu pai segurou a minha mão. As mãos que me seguravam com tanta facilidade quando eu era criança estavam esqueléticas, secas e finas.

"Pai, eu juro. Vou descobrir uma maneira. Nunca vou deixar que sua vida e as coisas que aprendeu sejam em vão."

Então eu disse o que sempre tinha desejado dizer, mas nunca havia conseguido. "Pai, eu te amo."

Os olhos dele passeavam pelo teto, mas eu podia ver lágrimas neles.

Ele faleceu numa noite de janeiro. Depois de me despedir do meu pai no cemitério, uma neve fina caía do escuro céu noturno. Eu imaginava as rajadas de neve enquanto o universo o saudava. Ao encarar o céu, o vento cortante do inverno açoitou minha bochecha. Foi então que me dei conta de que meu pai tinha deixado o mundo em que eu vivia.

Depois do funeral, quando estava ajeitando as coisas dele na casa dos meus pais, abri o congelador e vi cinco corvinas amarelas abandonadas sem dono.

As lágrimas que vinha segurando enfim irromperam. Eu despenquei no chão e chorei copiosamente, como uma criança. Senti quanto amava o meu pai, e sofri com sua negação dos prazeres que tinha a seu alcance. Ele havia falecido sem comer seu prato favorito. E então me dei conta de algo que logo se tornou uma promessa para mim mesma: não é assim que eu quero viver. Vou honrar o último desejo do meu pai. Tenho que encontrar uma maneira de ficar rica.

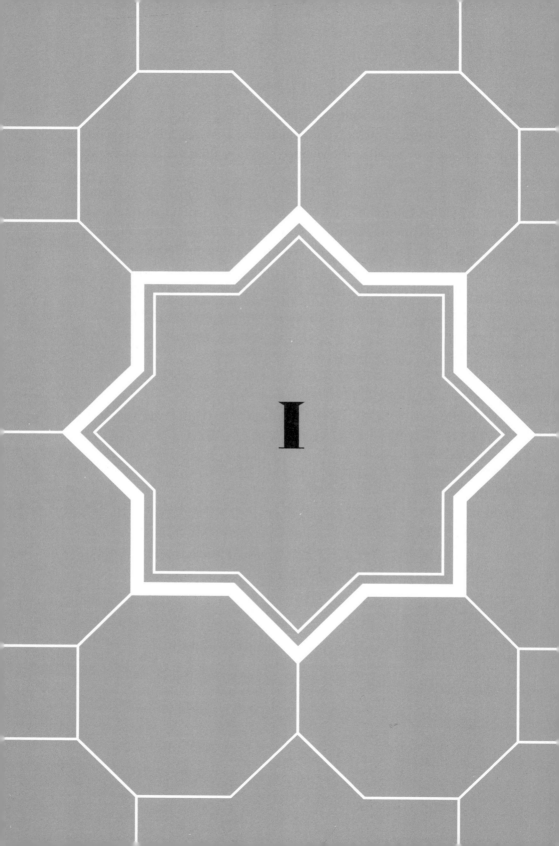

I

1. A guru

Logo após meu pai morrer, comemorei meu aniversário de 40 anos. Depois de chegar aos 40 e sofrer com o luto, minha vida parecia diferente. Eu vinha de uma família de classe média, tinha estudado em uma universidade de ponta e trabalhado por 10 anos como jornalista em um dos maiores jornais do país. Fiz meu MBA na Wharton School, na Universidade da Pensilvânia, e era encarregada das relações internacionais em uma empresa norte-americana. Minha vida não era nem extremamente bem-sucedida nem um grande fracasso. Eu tinha um salário fixo e um bom reconhecimento no meu trabalho, era casada com um homem carinhoso que era servidor público e tinha um filho. Viver na pobreza não me preocupava, mas eu também não vivia uma vida de tranquilidade, livre de preocupações financeiras.

Eu não tinha flexibilidade. Minhas amigas herdeiras ou casadas com médicos ou advogados ricos levavam uma vida calma, só que eu não usava livremente nem 10 dólares. Quando os jornais chegavam, eu recortava cupons de supermercado e corria para comprar carne ou peixe com desconto perto do horário do fechamento. Sempre comparava o preço do combustível em diversos postos de gasolina enquanto dirigia. Para comprar coisas para o meu filho, passava horas procurando o menor preço na internet. Eu não aceitava comprar itens caros.

Embora eu levasse uma vida simples, meu salário desaparecia da minha conta bancária. Em vez de ter estabilidade financeira, eu ficava aliviada simplesmente por não estar no negativo. Eu sempre estava nervosa. Minha vida tinha sempre sido cheia de sacrifícios em nome do futuro. Quando o amanhã chegaria? Se alguém perguntasse se eu queria continuar vivendo dessa maneira, teria uma resposta muito firme: não!

Então, depois da morte do meu pai, procurei a melhor maneira de enriquecer. Li muita coisa e, relembrando meu passado de jornalista, visitei especialistas para perguntar sobre as melhores técnicas para ficar rica, mas todos me deram a mesma resposta: a escadaria para a riqueza tinha desmoronado.

"Como Thomas Piketty escreveu, a taxa de crescimento capital ultrapassou a taxa de crescimento econômico. Não importa quão diligente você seja, não consegue mais ultrapassar pessoas com uma herança."

"O desenvolvimento da inteligência artificial ou de robôs irá diminuir a oferta de trabalho. Somente alguns capitalistas irão se tornar ainda mais ricos, e as pessoas normais, mais pobres."

Em minha busca, também conheci alguns jovens adultos. Eles procuravam desesperadamente respostas para a mesma pergunta que eu.

"As gerações anteriores dizem que devemos economizar o salário para a aposentadoria. Mas eu não quero sacrificar minha juventude para o futuro."

"Depois que recebo meu salário e pago o aluguel, a parcela do meu financiamento estudantil e minhas despesas básicas, não sobra nada. Casar e ter filhos vai custar ainda mais. Acho que não vou poder gastar muito dinheiro comigo ou comprar uma casa no futuro."

"Por que há mais pessoas que enriquecem de forma repentina se dizem que está ficando difícil enriquecer? Qual é o segredo delas? Será que vou ser rico algum dia?"

Por fim, depois de me deparar com desencorajamento para onde quer que eu olhasse, alguém me disse que havia apenas uma pessoa no mundo que poderia definitivamente responder à minha pergunta: "a guru dos ricos". Quando ouvi aquela ideia, senti um arrependimento grande, porque já tinha me encontrado com aquela guru 10 anos antes.

No fim de 2006, eu era jornalista e trabalhava na equipe que cobria as matérias publicadas aos fins de semana, então procurava novas pautas sobre as quais escrever para leituras leves. Tomando um vinho com colegas, ouvi uma história sobre uma "guru dos ricos" chamada Suh Yoon Lee. Essa mulher, que toda pessoa rica queria conhecer, estava apenas na casa dos 20 anos e tinha se formado em uma universidade de prestígio. Aos 6, ela já tinha aprendido o clássico estudo asiático do destino, chamado "Quatro Pilares do Destino", que prevê a sorte das pessoas com base na data e no horário de nascimento. Diziam que ela dominava grandes ensinamentos clássicos orientais e asiáticos e que tinha analisado dados de milhares de pessoas para ter seu próprio *insight*. E todos os seus livros sobre riqueza haviam alcançado as listas de mais vendidos.

"Uau! Ela parece fascinante. Conte-me mais sobre essa guru", exclamei.

Meu colega tomou um gole de vinho e continuou falando. "Você sabe qual é a parte mais fascinante? Cada uma das pessoas que a conhece sente como se tivesse conhecido alguém diferente." Fiquei sedenta de curiosidade ao ouvir isso. Ele disse: "Alguns dizem que ela parece uma professora sábia, outros dizem que ela é mais como uma bruxa enfeitiçando as pessoas, há ainda os que se referem a ela como uma garota inocente. Ouvi dizer que alguns homens sucumbiram ao seu magnetismo e veneram essa guru. Mas é óbvio que a guru não lhes dá uma chance".

"Ah, é?"

"É. Mas todo mundo que a conhece concorda em uma coisa. Dizem que suas vidas mudaram. De acordo com eles, se apegaram à sorte e à oportunidade até que um dia enriqueceram."

Meu instinto me disse que aquela podia ser uma ótima reportagem. Eu queria desesperadamente conhecê-la e descobrir que tipo de pessoa ela era. Só de ouvir a história imaginei que seria um grande sucesso entre os leitores. Telefonei para marcar um horário.

No dia da entrevista, eu estava esperando por ela no saguão de um prédio. Como era de se esperar, alguém logo entrou pela grande porta de vidro. Na vida há alguns momentos de que você consegue se lembrar como se aquilo tivesse acontecido ontem, com memórias vívidas do ambiente, do ar, dos sons. Nunca vou me esquecer da primeira vez que vi Suh Yoon. A princípio não consegui ver com clareza seu rosto, mas pude reconhecer de imediato que ela era uma guru. Toda a atmosfera ao seu redor era diferente, mística até, como se envolta por uma neblina matinal. Aquela foi a primeira e única vez que senti isso em relação a alguém. Inconscientemente nervosa, fiquei plantada onde estava como se tivesse virado uma pedra.

Suh Yoon se aproximou de mim e estendeu a mão para me cumprimentar. Sua mão me surpreendeu – era frágil o suficiente para despertar meu instinto protetor.

"Você deve ser a sra. Hong. Prazer em conhecê-la."

Comecei a falar hesitante. "Ah... olá... como devo me dirigir a você...?"

"Pode me chamar só pelo meu primeiro nome."

Havia uma tonalidade doce e melódica em sua voz. Sua postura era elegante e solene, e seus braços e pernas eram incomumente magros em uma compleição delgada. Tinha o rosto arredondado, a pele muito branca, além de um nariz bem esculpido, e seus olhos em formato de amêndoas cintilavam enquanto ela sorria. Embora não tivesse uma beleza padrão, sua aparência era fascinante. Ela estava quase chegando aos 30 anos, mas aparentava ser muito mais jovem, exceto por seus olhos, que eram penetrantes.

A entrevista daquele dia foi mágica. Eu estava absorta em minha conversa com Suh Yoon e mal notava qualquer outra coisa ao meu redor. Suh Yoon me deixou atônita com seus *insights*. Ela guiava a conversa, intencionando cada palavra, e oferecia respostas sábias e consolo brando em termos fáceis de entender.

Ao encerrar nossa conversa, perguntei: "Quais são seus planos futuros?".

"Eu reuni casos de pessoas ricas ao redor do mundo e estou analisando a correlação entre riqueza e atitude baseada neles."

"Uau, parece fascinante. Essa análise pode revelar o segredo para enriquecer!"

Suh Yoon segurou minha mão suavemente e disse: "Você pode ainda não perceber, sra. Hong, mas ainda está presa em uma gaiola. Se você decidir se libertar dessa gaiola, em 10 anos nós nos reencontraremos".

Eu não entendi o que suas palavras significavam, então não prestei muita atenção a elas. Mas agora, 10 anos depois, sua menção a uma reunião soou vívida em meus ouvidos como música.

Onde ela estaria agora? Será que sequer se lembraria do que tinha me falado?

2. Encontro com a guru

Procurei na internet e perguntei em toda parte em busca de notícias recentes sobre Suh Yoon. Depois de nosso encontro, ela vinha se dedicando ativamente a ministrar palestras e escrever livros. Sua reputação crescia à medida que seus *insights* se tornavam mais profundos, e diziam que a espera para um encontro com ela era de 2 anos. Em momentos de crise econômica ou mudanças na direção de empresas, multidões de pessoas se aglomeravam ao redor de sua casa, tentando vê-la.

Então, de repente, Suh Yoon desapareceu.

Ela não aconselhava mais pessoas ricas. Seu desaparecimento deixou muitas pessoas em dificuldade. Uma multinacional tinha confiado tanto na mentoria de Suh Yoon que, quando alguns membros da diretoria não conseguiram garantir seu aconselhamento, foram demitidos. Candidatos da recente eleição da Assembleia Nacional acamparam do lado de fora de sua casa, mas não conseguiram encontrá-la antes do pleito. Seria uma coincidência o fato de terem sofrido uma perda devastadora em seguida?

Havia muitos rumores sobre quem ela era. Alguns diziam que estava se preparando para revelar segredos surpreendentes baseados em dados de seus aconselhamentos e análises, mas outros tinham certeza de que ela estava se recuperando em algum lugar no exterior. Diziam que estava reclusa em alguma parte da Europa, enquanto outros afirmavam que a tinham visto em consultas com pessoas ricas no Japão.

De acordo com a minha pesquisa, Suh Yoon tinha aparecido pela última vez na mídia em 2013. Sua entrevista a um grande jornal coreano tomou uma página inteira. Ela sorria radiante na foto e uma citação sua dizia: "Ao analisar os dados de muitas pessoas ricas, comecei a perceber um segredo que elas tinham em comum". Mas ela não revelou que segredo era esse.

Agora eu tinha uma missão, estava impaciente e ansiava vê-la o mais rápido possível. Consegui seu endereço de e-mail e escrevi para ela com todo o meu coração. Contei sobre o nosso encontro 10 anos antes e perguntei se ela se lembrava de mim. Expressei meu pesar por ter perdido meu pai e disse que queria muito aprender a enriquecer para honrar seu desejo. Falei que ela era a única pessoa que podia me ajudar. Olhando agora, foram coisas demais para um e-mail endereçado a alguém que eu só tinha visto uma vez.

Antes de clicar no botão para enviar, fechei meus olhos e rezei. "Por favor, por favor... que Suh Yoon leia este e-mail..." Cliquei no botão. O e-mail tinha saído da minha caixa.

Muitos dias passaram. Era como se eu estivesse esperando por minha carta de aprovação para entrar na faculdade. Meu coração começava a acelerar sempre que o telefone apitava. Eu comecei a ficar preocupada, pensando que ela pudesse ter visto meu e-mail, mas não se lembrasse de nosso encontro e que agora achasse que eu era louca. Por volta de uma semana depois, vi algo na minha caixa de entrada. Pulei de alegria. Suh Yoon tinha me escrito de volta.

"É ótimo ter notícias suas. Eu me lembro, sim, de você, e parabéns por ter conseguido."

Suas palavras pareciam serenas, como se ela soubesse que eu ficaria tocada por sua resposta. Ela ofereceu condolências pela morte do meu pai e revelou que estava morando na Europa. O que ela escreveu em seguida me deixou chocada.

"O momento é este. Você lembra que eu disse que não existem coincidências neste mundo? Tudo é parte de um milagre que está esperando há muito tempo."

Ela me disse que eu era bem-vinda para visitá-la a qualquer momento. Assim que li aquela frase, fui para o meu computador, escrevi um e-mail para marcar um horário e comprei uma passagem para a Itália.

Meu avião pousou suavemente em Milão cerca de doze horas depois de deixar Seul. Suh Yoon estava hospedada em um hotel perto do lago de Como, a mais ou menos uma hora e meia de carro da cidade. Eu aluguei um carro no aeroporto e segui para o lago. Quando cheguei à estrada, lembrei-me de nosso encontro 10 anos antes.

Suh Yoon e eu terminamos a entrevista e estávamos tomando um café. Na época, eu estava me decidindo entre continuar trabalhando como jornalista ou começar a fazer um MBA. Eu queria perguntar a Suh Yoon o que fazer, mas hesitava em abordar a questão.

Até os ricos têm de esperar muito tempo para ver esta guru... Será mesmo que posso buscar sua sabedoria se só nos encontramos para fazer esta entrevista? Essa questão é importante de verdade para mim, e posso nunca ter outra chance de perguntar a ela sobre isso...

Mas quando olhei para Suh Yoon me senti à vontade. Seus olhos, profundos como um lago, realmente fizeram com que me sentisse segura. Ela parecia me olhar como se não fosse criticar nenhuma pergunta que eu fizesse.

Depois que expliquei meu dilema, Suh Yoon me contou uma fábula das escrituras budistas:

Existe uma fábula sobre uma ratã e um poço nas escrituras budistas (岸樹井藤). Um homem estava fugindo de um elefante que o atacava em um campo e se deparou com um poço. Ele usou o tronco de uma ratã para descer ao poço. Quando olhou para baixo, viu serpentes abrindo a boca. No alto do poço, ratos pretos e brancos roíam o tronco no qual ele se pendurava. Então uma coisa caiu inesperadamente em sua cabeça. Era mel doce. O homem, ameaçado pela morte não importava aonde fosse, bebeu o mel sem pestanejar, esquecendo todos os seus medos.

Suh Yoon se voltou para mim e perguntou gentilmente: "Como esse homem pode escapar dessa situação?".

"Bem, ele vai morrer logo, mas em êxtase por causa do mel... Não vejo como isso pode acabar exceto com sua morte."

Suh Yoon ouviu cuidadosamente minha resposta e começou a falar. "Ele só tem uma saída. Precisa escalar o tronco e enfrentar o elefante. Quando tomar essa decisão, derrotar o elefante não vai ser tão difícil quanto lidar com seu medo. Para o vitorioso, a visão espetacular da terra magnífica."

Mais tarde percebi que não tinha entendido totalmente o que Suh Yoon dissera. Mas quando a ouvi falar senti a esperança brilhar como o sol dentro de mim. O medo que pairava sobre minha mente desapareceu como nuvens escuras se dissipando. Senti a coragem para criar um novo começo aumentando dentro de mim, e pouco depois eu estava num avião rumo à Filadélfia para começar minha especialização em negócios.

Ao longo dos últimos 10 anos, lembrei-me do que ela tinha dito sempre que me deparei com alguma dificuldade. Na verdade, uma vez que você se decide, não é tão difícil enfrentar um elefante. Uma escalada talvez pareça insuperável, mas você pode dar um passo de cada vez, e o mundo parecerá um pouco diferente quando seu suplício terminar. Eu me dei conta mais tarde de que seu conselho tinha sido a coisa mais importante que eu ouvira em 10 anos, e não pude deixar de me maravilhar em como essa mestre do mindset me entendia perfeitamente.

Quando acordei de minhas reminiscências, estava dirigindo pelo centro de Como. Passei por pequenas igrejas e casas de telhados vermelhos com vista para o céu azul rajado de nuvens. Quando passei pela cidade, um belo lago apareceu do lado esquerdo da estrada. Havia casas charmosas perto da água, e a luz mediterrânea cintilava na superfície do lago. Eu comecei a me sentir animada. *Dez anos já passaram. Como será que ela está depois de todo esse tempo? O que aconteceu com ela?*

Quando cheguei ao hotel, já estava quase na hora do nosso encontro. O hotel era luxuoso, com aparência de uma mansão palaciana. O saguão de mármore tinha uma janela que dava para o lago. Eu me perguntei quanto um lugar como aquele custava por noite. Eu estava inconscientemente intimidada pelo porte chique e luxuoso do hotel. A jaqueta preta e a camisa branca que eu vestia não pareciam combinar com o local. Fiquei lá com os ombros tensos segurando a alça da bolsa do meu notebook com as duas mãos.

Foi então que uma voz ressoou em meus ouvidos, tão clara quanto a água plácida de um lago.

"Obrigada por ter feito essa longa viagem."

3. Reencontro

Eu me virei automaticamente. Vi a silhueta elegante de uma mulher posicionada no local de onde a voz tinha vindo. Eu não consegui ver seu rosto, já que ela estava parada com as costas voltadas para o lago, que brilhava como um espelho, mas soube assim que botei os olhos quem ela era. Era a guru, Suh Yoon.

Assim como naquele momento há 10 anos, a atmosfera ao redor dela parecia diferente. Ela usava um vestido preto até o joelho que deixava elegantemente o ombro à mostra, e seu cabelo castanho na altura do peito tinha uma onda brilhante. Ela não era alta, mas tinha uma presença digna contra o pano de fundo do lago. Era como se ela estivesse cercada por uma áurea, talvez por causa da luz do sol que entrava.

Suh Yoon se aproximou de mim devagar. Durante os poucos segundos de sua aproximação, ela parecia diferente a cada momento. Primavera florida, verão ardente, outono tremulante e inverno gelado passaram por seus olhos.

"Quanto tempo. Obrigada por ter reservado um espaço na sua agenda ocupada para me ver." Eu controlava meus nervos enquanto dizia isso.

Seus passos leves pararam diante de mim. Ela cheirava a uma mistura intoxicante de ilangue-ilangue, jasmim e almíscar.

"Você parece melhor do que eu imaginava. É um alívio."

Eu segurei as lágrimas ao lembrar de minha perda recente.

Suh Yoon sorriu calorosamente e me conduziu até sua suíte. Enquanto ela pedia café pelo telefone, dei uma olhada no quarto – um sofá roxo-escuro era como um pincel mergulhado na tinta entre os móveis de carvalho. Eu podia ver o lago de Como do lado de fora da janela. Ela tinha se escondido ali durante todos esses anos? "Este lugar é maravilhoso. Você está aqui há muito tempo?", perguntei.

Ela negou com a cabeça suavemente. "Não. Eu cheguei aqui há apenas três dias."

"Ah, verdade? As pessoas estavam se perguntando mesmo por que não conseguiam entrar em contato com você..."

Suh Yoon abriu um sorriso misterioso e olhou em meus olhos pacificamente por alguns segundos, inclinando-se para a frente e tocando meu braço enquanto falava. "Mas as pessoas que devem se encontrar acabam se encontrando."

Como se estivesse enfeitiçada, eu lhe contei sobre a dor de perder meu pai e sobre como minha vida parecia limitada desde que ele partira. Expliquei como ele desejava que eu vivesse uma vida maior e, como uma barragem bloqueada em colapso, irrompi em lágrimas diante dela. Eu nunca tinha chorado na frente de mais ninguém desde a morte de meu pai, mas na frente dela me senti aberta em relação à minha dor.

Suh Yoon segurou minha mão enquanto eu chorava e me ofereceu um lenço em silêncio. Ela então falou com um olhar atencioso.

"É muito importante continuar sentindo a tristeza como ela é. Desse modo, e só desse modo, o pesar não vai estagnar, mas fluir como um rio. Se você sufocar suas emoções, elas vão se tornar tóxicas para sua mente, assim como água estagnada."

Enquanto ela falava, minha mente se tranquilizava e eu já não segurava as lágrimas. "Aprendi muito pensando sobre a vida do meu pai. Ele fez tanto por mim. Mas não quero me sacrificar eternamente como meu pai fez. Quero me sentir livre para aproveitar a vida."

Uma batida na porta interrompeu nossa conversa por alguns segundos. Era o café que ela tinha pedido. Recuperei meu equilíbrio enquanto o funcionário do hotel, de terno, dispunha nosso café na mesa. Ao mesmo tempo, me perguntava se devia ou não fazer a pergunta que não saía da minha cabeça.

O cheiro do café tomou todo o quarto. Assim que me deparei com o olhar tranquilo de Suh Yoon, a pergunta saiu da minha boca. Era a pergunta que tinha feito com que eu percorresse toda aquela distância.

"Como posso ficar rica?"

Em vez de responder diretamente, Suh Yoon pegou seu café em silêncio. Sua xícara era decorada com pequenas rosas em dourado e cor-de-rosa. Ela levou a xícara para perto do rosto, sentiu o aroma do café e encostou os lábios na borda com um sorriso súbito. De repente a rosa na sua xícara pareceu desabrochar. Era como se o mundo girasse ao redor dela temporariamente. Depois de um gole de café, ela ergueu um pouco a cabeça. Eu prendi a respiração.

"A resposta é o USUFRUIR."

4. Usufruir

Suh Yoon falou de forma ritmada, enfatizando as palavras. Sua voz ecoava no quarto.

"Sentindo o que você é neste momento. Exatamente o que a própria palavra quer dizer."

Será que é um enigma zen? Talvez fosse preciso responder perguntas que pareciam irrelevantes até que eu mesma encontrasse a resposta. Eu estava com medo de que Suh Yoon me fizesse uma pergunta complicada que não conseguisse responder.

Suh Yoon olhou em silêncio para o lago pela janela. Eu concentrei minha atenção para alcançar a dela. Além da elegante cortina de veludo, havia uma vista panorâmica de um lago cobalto-escuro. O lago cintilava sob a luz do sol, como se milhares de contas de vidro estivessem espalhadas em uma bandeja de prata.

"Há uma grande quantidade de dinheiro neste mundo. Assim como sentimos um toque fresco quando imergimos as mãos na água, também podemos aproveitar a riqueza e sentir a abundância. Isto é *Usufruir*: o poder interior de acelerar e sentir o fluxo da água. Assim como um riacho eventualmente corre para o oceano, o *Usufruir* nos permite seguir de forma natural para uma riqueza maior."

Isso não chegou nem perto de esclarecer as coisas para mim. Eu me concentrei no termo que ela continuava usando. "Mas o que é o *Usufruir*?"

Suh Yoon sorriu misteriosa, tocou de leve em sua xícara de café, então segurou a alça com mais firmeza e bebeu. Um momento de silêncio deixou um brilho agradável. Em vez de responder minha pergunta, ela apontou para o meu telefone e perguntou: "Quando você comprou este celular?".

"Bem, mais ou menos 1 ano atrás, acho. Comprei porque era novo." Eu estava perplexa com a minha disposição para entrar no jogo.

"Então vamos voltar há 1 ano. Como você se sentiu quando comprou o telefone?"

Ah, aquele celular. Estava tão ansiosa quando o comprei. Era o modelo mais caro da loja, a novidade mais badalada. Eu achava que ele poderia me ajudar a parecer uma mulher de negócios descolada. Por outro lado, ele também me preocupava. *Tudo bem se eu comprar este? Talvez seja um pouco caro demais. Um celular um pouco mais barato também funcionaria.* Depois de pensar muito a respeito, comprei o telefone dividido em seis vezes no cartão de crédito. À medida que o recibo era impresso, meu coração pulava porque eu sentia que estava gastando demais, cometendo um erro. Desde então, sempre que via a minha fatura mensal, me culpava e sentia que havia jogado dinheiro fora.

Eu contei tudo isso a ela. "Bem, imaginei quanto ele custava, pensando que talvez fosse um pouco caro demais, e hesitei se podia ou não arcar com ele. Depois de pagar, eu me senti culpada e me arrependi de ter comprado..."

"Então você não se sentiu bem a respeito."

"Não. Eu me senti mal. Tentei justificar a compra, mas continuei me sentindo desconfortável."

Suh Yoon falou com uma voz clara.

"*Usufruir* é sentir abundantemente o que você tem no momento em que gasta dinheiro. Embora haja um número de soluções para a sua primeira pergunta – como posso ficar rica? –, essa é a maneira mais simples e mais efetiva de enriquecer."

Muitas perguntas me vieram à mente. Eu não estou perdendo dinheiro quando compro coisas? Eu *tenho* dinheiro quando *não* o gasto! De acordo com a ideia de Suh Yoon, eu poderia ter o meu bolo e também comê-lo.

Os olhos dela sorriam, como se entendesse a minha confusão. "Agora, sra. Hong, imagine que você ganha 100 mil dólares por mês. Depois imagine que está comprando este telefone hoje. Você se sentiria da mesma forma?"

Fechei os olhos por um momento. Imaginei minha conta bancária cheia de dinheiro. Eu me dei conta de que sorria – apenas imaginar aquilo já era um pouco revigorante. Abri os olhos e encarei meu telefone. O celular que tinha parecido muitíssimo caro, agora parecia completamente diferente. Pensei: *É moleza. Eu posso comprá-lo cheia de satisfação, já que sempre vou ter dinheiro suficiente.*

"Eu me sinto bem só de imaginar", disse, pensando alto. "Então... essa é a sensação do *Usufruir*?"

"Me diga que tipo de sensação é essa." Suh Yoon se inclinou para a frente. Ela se concentrou em minhas palavras como se elas fossem preciosas.

"Quando eu me imagino ganhando um salário alto, fico extasiada ao comprar este celular. Não vou precisar me preocupar com absolutamente nada, já que sempre terei dinheiro para pagá-lo. Muito pelo contrário: vou me sentir bem porque este telefone prova que tenho dinheiro."

Assim que ouviu isso, os olhos de Suh Yoon brilharam e ela abriu um grande sorriso. Erguendo o indicador no ar, ela disse: "É isso mesmo. Sentir-se bem! É uma sensação muito agradável ter dinheiro para trocar por alguma coisa que você quer".

Durante minha vida como jornalista, eu tinha entrevistado muitos CEOs de renome mundial e pessoas ricas. Quando perguntava "como você ficou rico?", algumas delas respondiam "eu tive sorte", enquanto outras davam explicações óbvias, como "tive sucesso no mercado" ou "com a ajuda de pessoas eficientes". O que quer que dissessem, diziam sem prestar muita atenção a mim ou a suas palavras.

Sentada com Suh Yoon, fiquei pasma com a maneira como ela escolhia suas palavras cuidadosamente para tornar suas ideias compreensíveis. Eu podia ver por que tantas pessoas ricas procuravam sua orientação. O mais diferente era a maneira como ela se concentrava em mim na hora com todo o seu coração e sua sinceridade, como se ela fosse a minha própria guru.

#CITAÇÃO DA GURU

"*Usufruir* é sentir abundantemente o que você tem no momento em que gasta dinheiro."

5. Os segredos do *Usufruir*

"Quero perguntar mais sobre como praticar o *Usufruir*. Quando sinto que tenho alguma coisa, devo imaginar que tenho dinheiro e experimentar essa sensação, ou me sentir bem a respeito do dinheiro que tenho de fato em minha carteira?"

Suh Yoon cruzou os braços, segurando os cotovelos, e se inclinou um pouco para a frente.

"Senhora Hong, é no agora que devemos sentir, no agora que devemos nos concentrar. O *Usufruir* deve começar agora mesmo. Não se trata do futuro, mas do presente. O dinheiro que você tem neste momento é seu objetivo."

Ela perguntou: "Por um segundo, dê uma olhada nas coisas que você tem ao seu redor. Uma xícara de café, um celular e uma bolsa... Como você fez para possuí-los?".

"Com o dinheiro... Ah, espere um segundo." Pensei um pouco. Ela disse que o *Usufruir* é a sensação de que eu tenho dinheiro e a permanência nessa emoção. Então como isso se conecta com esses objetos? "Ah! Eu as comprei porque tenho dinheiro. Eu possuo dinheiro para conseguir essas coisas!"

"Correto. Você tem dinheiro suficiente para arcar com o café que está tomando neste exato momento."

Por um tempo, encarei inexpressivamente a xícara de café em minha mão. O café deste hotel, servido em uma xícara tão luxuosa, devia ser caro. Talvez 10 dólares a xícara? E eu podia pagar por ele. Tinha o dinheiro para pagar aquele preço porque eu o tinha ganhado. Sei que era só café, mas de repente eu me senti orgulhosa. O café de aparência cara parecia uma prova, me mostrando que eu tinha o dinheiro necessário para desfrutar desta experiência deliciosa. Minha emoção se transformou de ansiedade desconfortável em contentamento revigorante, como se tivesse virado uma chave.

"Honestamente, só de falar isso já me sinto animada. Me sinto mais rica. Me sinto meio orgulhosa, também."

Suh Yoon disse com um sorriso mágico: "É, você acabou de praticar o *Usufruir*".

Eu também fiquei um pouco impressionada comigo mesma. Por que eu nunca tinha me sentido assim ao gastar dinheiro? No momento da compra, sempre pensava coisas como: *isso está caro demais, isso é desperdício, que chato eu precisar comprar isso, tudo bem eu comprar isso?* ou *não tenho dinheiro para comprar isso.* Enquanto eu refletia e me martirizava por quão negativa eu tendia a ser, Suh Yoon ficou sentada, paciente, me observando com um sorriso agradável no rosto. Parecia que enquanto eu estava atravessando o nevoeiro desajeitada, ela podia ver exatamente aonde estávamos indo. Senti como se estivesse debaixo do guarda-chuva mais robusto do mundo.

Ela me guiou com seu próximo exercício: "Então agora se concentre naquilo que você tem e olhe para os bens ao seu redor".

Eu observei minha bolsa, roupas, cosméticos e sapatos. Senti a diferença. Eles continuavam sendo as mesmas coisas, mas agora pareciam provas de que eu tinha abundância. Essa era a sensação do *Usufruir*. Era um sentimento de contentamento profundo, de riqueza e gratidão da cabeça aos pés. Naquele momento, mudei o foco daquilo que me faltava para aquilo que eu tinha, como se passasse a marcha de um carro, e agora o mundo parecia completamente diferente.

"É maravilhoso!", exclamei.

Suh Yoon sorriu com delicadeza da minha reação, como se eu estivesse no caminho certo.

"Imagine acionar um interruptor", Suh Yoon disse. "Até agora, você acionou 'dinheiro insuficiente' sempre que gastou dinheiro, e como consequência experimentou emoções negativas. Não havia espaço para as emoções do *Usufruir*. Mas, agora, quando você acionou o *Usufruir*, naturalmente sentiu emoções mais positivas. Você vai ficar impressionada ao ver a diferença que essa mudança faz."

Eu ouvi com cuidado.

Ela continuou: "Neste mundo, não conseguimos perceber as coisas da maneira que elas realmente são. Conhecemos o mundo à medida que o notamos. Pense numa época em que você realmente quis uma coisa, digamos, um par de tênis brancos. De repente, começou a vê-los por toda parte. Da mesma forma, se prestar atenção àquilo que tem, vai perceber o mundo ao seu redor de modo diferente. Virar a chave de 'dinheiro insuficiente' para o *Usufruir* vai transformar o seu mundo".

Ela estava certa. Eu estivera vendo o mundo pelas lentes do "insuficiente" quando gastava dinheiro. Talvez fosse por isso que sempre me sentia presa ao dinheiro. Eu sabia que não era a única que me sentia assim. Falava sobre esse sentimento com amigos e colegas o tempo todo. Toda vez que batíamos papo, sempre conversávamos sobre "dinheiro insuficiente".

Dois dos meus colegas são um casal que trabalha fora. Eles moram em um apartamento de tamanho razoável, têm dois filhos no jardim de infância de uma escola particular e levam uma vida de classe média. Mesmo assim, estão sempre cheios de preocupações e reclamações a respeito da falta de dinheiro. Um deles confessou: "Não sobra nada na minha conta bancária depois que pago a mensalidade da escolinha, o salário da babá e todos os impostos. De que adianta sermos um casal com dupla fonte de renda? Meu salário só dura até um segundo antes de desaparecer da minha conta".

O marido de outra amiga é advogado. As pessoas a invejam com frequência, já que seu marido tem um fluxo inesgotável de clientes, mesmo durante as recessões. Mas ela diz que vive ansiosa quando o assunto é dinheiro. Diz que tem de estar sempre atenta porque há muitas pessoas ricas ao seu redor. "Algumas dizem que compraram casas de campo caras, outras dirigem carros que valem centenas de milhares de dólares, e outras viajam de primeira classe para férias em suítes luxuosas de hotéis exclusivos, mas nós ainda não ganhamos tanto dinheiro assim. Quando encontro essas pessoas ou vejo seus posts no Facebook, sinto que nunca tenho dinheiro suficiente."

De certo modo, o mundo tem gritado "dinheiro insuficiente" de maneira incessante para mim. Ler o caderno de economia do jornal me deixa com medo constante de uma crise financeira. Por outro lado, ver amigos fazendo viagens caras ou pessoas em carros de luxo faz com que eu sinta que me falta ainda mais. Não importava para onde eu olhasse, o mundo me dizia que eu não tinha dinheiro o suficiente.

Suh Yoon cruzava as pernas enquanto bebia seu café. Para confirmar que eu estava compreendendo corretamente, fiz mais uma pergunta.

"*Usufruir* é uma forma de trocar as lentes – deixando de ver o que está faltando para ver o que existe?"

"Sim, você está certa. Na verdade, trocar de lentes não é tão fácil quanto parece. Não é fácil mudar estereótipos e percepções que se cristalizaram.

No entanto, você pode dar início ao *Usufruir* imediatamente, começando com algo pequeno. Essa é a maneira mais rápida e mais efetiva de trocar as lentes. Tudo que você precisa fazer é praticar o *Usufruir* quando gasta dinheiro todos os dias. Examine suas sensações e pouco a pouco sinta emoções mais positivas."

#CITAÇÕES DA GURU

"É no agora que devemos sentir, no agora que devemos nos concentrar. O *Usufruir* deve começar agora mesmo."

"*Usufruir* é uma forma de trocar as lentes – deixando de ver o que está faltando para ver o que existe."

ESTUDO DE CASO
Um empreendedor que escapou da crise
ao se concentrar no *Usufruir*

Certo dia, um empreendedor correu até a guru, muito preocupado. Ele tinha investido 3 milhões em desenvolvimento de tecnologia, mas estava tendo problemas com liquidez, já que o cronograma tinha sido adiado por quase 1 ano. Os bancos tinham devolvido as notas promissórias, mas sua empresa não estava rendendo o suficiente para pagá-las. Ele disse: "Estou desesperado. Cheques pré-datados estão voltando um atrás do outro, mas meu dinheiro está prestes a acabar em algumas semanas. Não vou conseguir pagar meus funcionários. E se a empresa falir? Estou sofrendo de insônia porque sinto que vou acabar na rua".

Suh Yoon o acalmou e disse, tranquila: "Você não vai ter o azar de falir nos próximos 3 anos. Pelo contrário, na segunda metade do ano que vem seu fluxo de caixa vai reverter e você vai fazer uma enorme fortuna. Na verdade, logo antes de uma grande quantidade de dinheiro entrar, o fluxo de dinheiro é bloqueado. Considere isso um gargalo. No entanto, muitas pessoas ficam tão ansiosas e temerosas que perdem a próxima grande onda. Você pode passar por problemas inesperados, mas se passar esse período praticando o *Usufruir*, vai ter mais dinheiro do que pode imaginar".

Depois de ouvir isso, o empreendedor começou a falar para si mesmo na manhã seguinte: "Eu ainda tenho dinheiro suficiente por mais um dia. Graças a Deus. Obrigado pelo que tenho, vou me devotar ao meu trabalho hoje". No dia do pagamento, ele falou consigo de novo: "Eu posso pagar meus funcionários. Sou muito grato por ter dinheiro para administrar a minha empresa!".

Quando ele se concentrou no que tinha, a empresa que parecia prestes a ruir continuou firme por semanas e depois meses. Isso porque ela foi sustentada pelas taxas de licenciamento de suas tecnologias. O empreendedor administrou a empresa apenas com o mais básico e trabalhou agressivamente para testar e vender tecnologia.

Por fim, 1 ano depois, ele telefonou para Suh Yoon e lhe ofereceu um jantar maravilhoso. "Segui o seu conselho. Eu me concentrei no *Usufruir* e acabei atravessando a crise. Não só isso, fiz uma grande fortuna vendendo minha tecnologia no exterior. Eu agradeço de verdade. Muito obrigado mesmo!"

6. Qualquer um pode ser rico

"Você disse que qualquer um pode praticar o *Usufruir*. O que significa, então, que qualquer um pode ficar rico praticando o *Usufruir*?"

O que eu de fato estava perguntando era: será que o *Usufruir* poderia *me* fazer enriquecer? Tenho certeza de que Suh Yoon podia perceber minha intenção, dado como eu estava animada quando fiz a pergunta.

Suh Yoon respondeu, sua expressão ficando mais intensa. "Fiz uma análise de sequência temporal de 100 mil pessoas, das ricas às pobres, ao longo dos últimos 30 anos. Prestei atenção especial àquelas que nasceram pobres e fizeram fortuna com o próprio esforço: homens e mulheres que cresceram com o próprio trabalho. Os resultados das minhas análises mostraram que apenas um punhado delas tinha QI alto, algum talento especial ou criatividade excepcional."

Isso me lembrou da pesquisa qualitativa que aprendi nas aulas de sociologia durante a especialização da faculdade. *Pesquisa qualitativa* envolve analisar dados não quantificáveis coletados por meio de entrevistas pessoais ou observação para chegar a uma conclusão. O pesquisador deve entender cada caso em seu contexto individual antes de reunir todos eles. Ela é diferente da *pesquisa quantitativa*, na qual o pesquisador estabelece uma hipótese e a testa usando estatísticas ou enquetes. Os resultados da pesquisa qualitativa são especialmente dependentes da competência do pesquisador; ela exige interação e habilidade empática para extrair os dados quantitativos do sujeito; e é preciso um *insight* para conseguir integrar os dados individuais e esboçar o panorama maior.

Eu entendi que Suh Yoon tinha usado análise qualitativa para descobrir o segredo da riqueza. Algumas pesquisas quantitativas com pessoas ricas tinham sido conduzidas ao longo das últimas décadas, mas o segredo não podia ser revelado apenas por meio de estatísticas e enquetes. Eu fiquei admirada que Suh Yoon tivesse as habilidades empáticas e os *insights*, assim como as habilidades de pesquisa necessárias para ser bem-sucedida nesse tipo de análise.

Os olhos de Suh Yoon brilhavam ainda mais enquanto ela falava. "Como conclusão, ficou comprovado que a maioria das pessoas pode reter uma fortuna de 3 a 7 milhões de dólares americanos. É evidente que não acho que todo mundo pode ser riquíssimo como Bill Gates. Mas posso dizer com certeza que todo mundo nasce com as qualificações para ficar rico, assim como tem as qualificações para ser amado."

Meu queixo caiu. De 3 a 7 milhões de dólares! Essa é uma quantia surpreendentemente alta, mesmo depois de abatidas as despesas básicas, os impostos e os gastos com a educação dos filhos. Não há exceção. Eu também estou qualificada para ser rica.

Se eu tivesse dinheiro em abundância, para que o usaria? Uma casa confortável em uma excelente localização e um carro de luxo, para começar. Eu mandaria meu filho para uma escola particular de referência e compraria roupas de grife para mim também. Tiraria férias em um resort tranquilo nas ilhas do Pacífico Sul e só viajaria de primeira classe. Eu não conseguiria aproveitar aquele dinheiro sozinha, então doaria um pouco para pessoas necessitadas. Minha mente corria incontida, completamente energizada por minhas fantasias. A energia que se espalhava pelo meu corpo, por minhas veias, era esperança.

Durante a infância, eu sonhava em levar uma vida especial, não uma vida comum como a que meus pais levavam. Eu queria fazer muitas coisas diferentes quando era adolescente. Havia dias em que eu queria ser advogada, em outros, pintora, em outros ainda, médica. Quando estava no ensino médio, assisti aos repórteres da CNN cobrindo a Guerra do Golfo na televisão; meu coração bateu mais forte. "É isso! Vou ser jornalista!"

Fui para a faculdade e consegui um emprego em um dos três maiores jornais do país. Eu me tornei repórter no meio da casa dos 20 anos. De alguma forma, realizei o meu sonho. Mas era isso. Meu coração não se enchia de esperança desde então.

Como jornalista, tive a oportunidade de ver cada canto do mundo. Conheci uma variedade de pessoas, de criminosos a figurões poderosos, de mendigos a algumas das pessoas que mais faziam dinheiro no planeta. Quanto mais eu aprendia sobre o mundo, mais injusto ele se mostrava para mim. Parecia que ficava mais difícil enriquecer se você começasse de mãos vazias, sem uma herança. Eu sentia que os pobres estavam empobrecendo e que os ricos estavam enriquecendo. Comecei a sentir que já sabia o suficiente sobre o mundo, até que meu coração pareceu gelado. Meu sonho de viver uma vida especial tinha desaparecido havia muito tempo.

Mas a guru tinha declarado que eu também poderia ficar rica. Tudo bem ter esperanças, é um direito inato. Uma vez que enxerguei a esperança de novo, o mundo inteiro diante de mim inesperadamente pareceu diferente.

A ansiedade me tomou de repente, como um balão estourando. Eu tinha contato frequente com pessoas desfavorecidas na minha linha de trabalho, e me entristecia ver suas dificuldades. Eu às vezes recolhia algumas doações com meus artigos, mas não havia nada além disso que eu pudesse fazer para ajudar aquelas pessoas. O dinheiro do mundo não é infinito. Nem todo mundo pode ter muito dele. Se qualquer um pode ser rico, por que todo mundo não pode ser rico?

Suh Yoon me encarava, como se estivesse pronta para aceitar quaisquer questionamentos sobre sua afirmação audaciosa.

Eu perguntei: "Se qualquer um no mundo pode ser rico, por que há tantos pobres e tão poucos ricos? Por que as pessoas sofrem com a pobreza?".

Eu contei a Suh Yoon sobre as histórias que eu tinha coberto, algumas sobre a pobreza abjeta que eu tinha visto. Ela assentiu com as duas mãos em pinça, juntando as sobrancelhas um pouco, e então fechou os olhos. Quando os abriu, eu vi que ela estava em lágrimas, transbordando compaixão. Ao perceber a capacidade de Suh Yoon de sentir empatia pela dor dos outros, pensei em como essa habilidade influenciou seu trabalho e permitiu que ela ajudasse as pessoas que a consultavam.

"Sim, a pobreza causa muita dor neste mundo."

Eu esperei por seus *insights* nesta questão. Ela reservou um momento para se recompor e voltar à sua calma usual de guru.

"Deixe-me fazer uma pergunta", ela disse. "Qual é a porcentagem de pessoas que estavam destinadas a ser pobres quando nasceram?"

"Bem, uma considerável, imagino. Eu estimaria mais de 30%. As pessoas que conheci eram muito gentis e viviam honestamente. Mas elas sofriam com a pobreza. Tinham nascido em meio a ela. Não era culpa delas."

Alguns copos de água tinham sido dispostos na nossa mesa junto com o café. Suh Yoon de repente pegou o copo de água do qual vinha bebendo. Dentro do copo, a água cristalina rodava.

"Vamos usar este copo para pensar em nossa capacidade para a riqueza. Bill Gates, por exemplo, teria um copo maior do que os outros. O seu copo seria menor se comparado ao dele. Então de que tamanho seria o copo daquelas pessoas de quem falamos?"

Um copo de riqueza. A ideia fazia algum sentido intuitivo: cada um de nós nasce com um copo pré-determinado, mas a quantidade de água que colocamos nele durante a vida é determinada por nossas próprias ações.

"Você disse que qualquer um podia ter entre 3 e 7 milhões de dólares", argumentei. "Então as pessoas pobres também devem nascer com um copo que pode conter essa quantidade", respondi.

"Sim, está certo. É um erro de julgamento achar que pessoas pobres nascem com copos menores. É evidente que há outras pessoas que nasceram com o mesmo copo enorme de Bill Gates. Mas o copo de todo mundo pode conter pelo menos de 3 a 7 milhões de dólares. Infelizmente, a maioria das pessoas pobres não conseguiu encher a maior parte de seus copos. Olhe para este copo de água. Não importa quão grande o copo seja, qualquer um notaria uma escassez se ele estivesse apenas cheio com essa pequena quantidade que está rodando no fundo. Meu estudo de 100 mil casos me diz que uma pessoa pode viver uma vida abundante e satisfatória até com três quartos de seu copo cheio."

"O que eu devo fazer para encher o copo com mais água?", perguntei.

Ela abriu um sorriso satisfeito.

"Há muitas maneiras, no entanto a mais rápida e eficiente é o *Usufruir*. O *Usufruir* é o poder que atrai a riqueza. Ele possibilita facilmente que você tenha mais água em seu copo, até com a mesma quantidade de esforço. E você tem o total controle sobre tudo isso com os seus próprios sentimentos."

#CITAÇÕES DA GURU

"Todo mundo nasce com as qualificações para ficar rico, assim como tem as qualificações para ser amado."

"O *Usufruir* é o poder que atrai a riqueza. Ele possibilita facilmente que você tenha mais água em seu copo, até com a mesma quantidade de esforço. E você tem o total controle sobre tudo isso com os seus próprios sentimentos."

FÁBULA
Uma bela flor desabrocha

Uma pessoa plantou diversos tipos de flores e árvores em um jardim. A pessoa as regou diligentemente e as cultivou com cuidado, mas à medida que os dias passavam o jardim não florescia; pelo contrário, as plantas murchavam.

"Por que você está murchando assim?", a pessoa perguntou.

Um pé de ginkgo falou: "É porque eu não sou tão alta e graciosa quanto um pinheiro".

Um pinheiro também respondeu debilmente: "Não sou confiante porque não dou frutas deliciosas como uma macieira".

Para não ficar para trás, a macieira entrou na conversa. "Eu não desabrocho com flores grandes e bonitas como o girassol".

Entre as plantas com folhagens que caíam, havia uma pequena flor silvestre que, bela, desabrochava. O dono do jardim perguntou para a flor silvestre: "Todas as minhas plantas estão murchando, mas você desabrochou lindamente, florzinha. Qual é o seu segredo?".

A flor silvestre respondeu, sorrindo de forma vaga: "Tenho uma beleza singela e pequena. Eu sei que esse tipo de beleza deixa as pessoas contentes, então amo o que sou. Estou feliz em desabrochar como uma flor tão bonita".

A flor silvestre sentia contentamento e alegria. É por isso que ela desabrochava, enquanto as outras plantas, reclamando daquilo que não tinham, murchavam.

7. Não demora tanto tempo assim

Eu queria começar o *Usufruir* o quanto antes, mas por quanto tempo teria de praticá-lo antes de receber seus benefícios? E se levar muitos anos? Eu não tinha certeza de por quanto tempo poderia continuar se não sentisse uma diferença.

Como a maioria das pessoas, eu hesitaria em expressar minha preocupação. Ficaria preocupada em soar materialista demais. Mas com Suh Yoon expressei meus sentimentos diretamente.

Eu me lembrei de quando aprendi sobre "consideração positiva incondicional" na minha aula de psicologia durante a faculdade. *Consideração positiva incondicional* é uma atitude de um orientador psicológico que respeita as pessoas como elas são em vez de avaliar ou criticar suas emoções, ideias e comportamento. Essa era precisamente a maneira como Suh Yoon me tratava. Sentia que não importava o que eu falasse, ela não me julgaria e me respeitaria de forma incondicional. Por fim, aprendi que Suh Yoon estimava daquela forma todos que conhecia, e essa era uma de suas fontes de carisma.

Mais tarde eu perguntei a ela: "Por que você decidiu me confiar esse segredo do *Usufruir*? Deve haver muitos escritores, repórteres e editores ótimos ao seu redor...".

Ela respondeu: "A alma e a energia puras são o que toca a mente das pessoas. Status ou qualificação não importam de forma alguma. Senhora Hong, você tinha o potencial de experimentar um grande avanço quando conheceu um *gui-in* (貴人; cuja tradução é 'uma pessoa preciosa que a guia'). A pureza permite que você confie em um *gui-in* e o siga com sinceridade".

Voltando ao assunto, Suh Yoon respondeu gentilmente minha pergunta a respeito de quando o dinheiro chegaria. "É claro, você não tem que esperar por muitos anos. Com base nos dados que coletei enquanto orientava pessoas para que ganhassem uma riqueza maior, não se trata de um processo extenso. Os efeitos do *Usufruir* em geral começam a aparecer no mínimo em duas semanas e no mais tardar em três meses."

"Uau! Assim tão rápido?" Achei por um momento que saltaria da minha cadeira. Nunca esperava ver os efeitos tão rápido.

"Biologicamente, o cérebro adulto exige de 14 a 21 dias para romper com os padrões de conexão sináptica existentes e formar novos. Durante esse período, o *Usufruir* corta a conexão entre as emoções existentes e começa a criar uma nova rede neuronal. Assim que esse processo está completo, começamos a ver mudanças agradáveis no mundo real."

Depois que voltei de meu encontro com Suh Yoon, pesquisei mais sobre neurônios e sinapses. Os estímulos externos primeiro são transmitidos para os neurônios em nosso cérebro e depois transferidos para outros neurônios por conexões sinápticas. Se considerarmos cada neurônio uma estrada, as sinapses são cruzamentos. Por exemplo, digamos que um homem sempre se sinta ansioso quando gasta dinheiro. Quando a informação "dinheiro" entra no cérebro, as células nervosas e as sinapses entregam esse sinal para "ansiedade", como se um fio de luzes de natal se acendesse uma por uma ao longo dele. "Neurônios que disparam juntos ficam juntos", como diz o ditado.

Estudos recentes pareciam mostrar que as conexões entre as células nervosas e as sinapses acontecem durante o período de crescimento, aproximadamente até os 20 anos. No entanto, pesquisas recentes sugerem que essas conexões podem mudar durante toda a vida. Se as ligações entre as sinapses existentes podem mudar, isso significa que podemos mudar nossas emoções sobre experiências. Portanto, se continuarmos praticando o *Usufruir*, podemos escolher reforçar aquela conexão entre a experiência de gastar dinheiro e o contentamento do *Usufruir*.

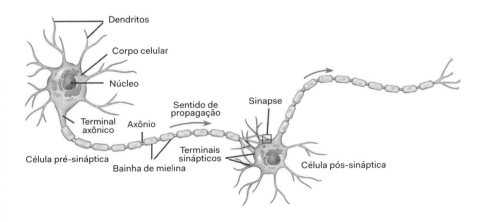

A guru disse que o *Usufruir* é o jeito mais fácil e mais eficiente de mudar os padrões de nosso cérebro e fugir da armadilha da ansiedade crônica. O *Usufruir* ajudaria a acabar com aquelas preocupações irritantes que tenho sobre dinheiro. Não apenas isso, mas eu seria rica! Eu estava quase vibrando na minha cadeira, porque queria experimentar aquilo o mais rápido possível.

Suh Yoon então perguntou suavemente: "Você já ouviu a história das crianças no livro *Don't Eat the Marshmallow...Yet!* [Não coma o marshmallow... ainda!]?"

"Você está falando da história das crianças que tiveram que reprimir o desejo de comer um marshmallow agora para ter mais marshmallows no futuro?"

"O que você acha dela?"

"Bem, a história de postergar coisas que quer fazer hoje para ter um resultado maior amanhã é comum. Eu não gosto muito dela porque me soa como se eu tivesse que apenas sorrir e suportar o dia de hoje para ficar rica amanhã."

"Aqui está o segredo: você não tem que reprimir o que quer fazer. Não precisa abrir mão de um marshmallow por dia."

Eu olhei para Suh Yoon, cuja voz de repente soou baixa e determinada. Ela tinha uma energia penetrante nos olhos.

"Nós temos o poder de aumentar o número de marshmallows. Se você puder desfrutar de seu único marshmallow de hoje com apreciação, pode dobrar o número deles amanhã."

"Você quer dizer que o sucesso não depende necessariamente de persistência?"

Suh Yoon abriu um sorriso doce.

"Sim, e não vai demorar para chegar."

#CITAÇÕES DA GURU

"Os efeitos do *Usufruir*, em geral, começam a aparecer no mínimo em duas semanas e no mais tardar em três meses."

"Você não tem que reprimir o que quer fazer. Não precisa abrir mão de um marshmallow por dia."

EXEMPLO
Pessoas que tornaram seus sonhos realidade
em algumas semanas

Depois de conversar com Suh Yoon e voltar para a Coreia do Sul, reparei nos casos em que pessoas tornavam seus sonhos realidade algumas semanas depois de experimentar o *Usufruir*, estando cientes ou não de empregar essa técnica.

Um comediante apareceu em um talk show na televisão e disse: "Se eu quero alguma coisa, anoto no meu cronograma antes de o elenco ser chamado. Então me sinto feliz com antecedência quando consigo o que eu quero!".

Ele disse que de fato escreveu isto:

7 de maio: Participação em talk show
10 de junho: Participação em um drama
24 de junho: Participação em propaganda

"Na verdade, eu já tinha anotado a minha participação no seu talk show no meu calendário há algumas semanas. E olha pra mim agora! Estou aqui com você neste programa! Eu disse que recebi uma proposta para participar de um programa de rádio porque queria ser o protagonista de um drama popular da TV, e quando a transmissão terminou, dez minutos depois, um diretor de elenco daquele programa de TV me telefonou. Eu até recebi uma proposta recentemente para fazer um comercial na televisão. Incrível!"

O comediante contou seu segredo para a plateia, e os apresentadores riram entusiasmados sem entender direito do que ele estava falando. Mas eu entendi seu segredo. Ele estava revelando sua própria experiência com o *Usufruir*. Ele primeiro sentiu que "possuía" seu desejo, e depois, surpreendentemente, ele se tornou realidade.

Uma coisa ainda mais impressionante aconteceu comigo enquanto eu concentrava minha atenção no *Usufruir* ao escrever este livro. Eu estava pesquisando algumas celebridades que podiam conhecer o segredo de *Usufruir*, então reparei em G-Dragon, o líder da banda Big

Bang, de K-pop. Ele é popular em toda a Ásia, inclusive na Coreia do Sul, na China e no Japão. Quando o vi comentando no Twitter que sentia que o dinheiro era tão bonito quanto uma flor, fiquei pensando se ele estava praticando o *Usufruir* à sua própria maneira.

Eu me concentrei nele, pesquisei matérias relevantes e procurei programas de televisão em que ele aparecia, porque queria escrever sobre ele em meu livro. Depois de cerca de duas semanas, quase caí de costas da minha cadeira enquanto comia em um restaurante, porque G-Dragon, que é famoso por não sair muito de casa, estava em uma mesa perto da minha! Era só um restaurante comum que servia *brunch*, nada luxuoso ou cheio de celebridades. Então eu me dei conta: eu tinha atraído G-Dragon, uma das maiores estrelas da Ásia, por meio do *Usufruir*. E fiz isso em apenas duas semanas!

8. Esbanjar e ostentar

Eu ainda tinha uma pergunta insistente na cabeça. "Quero contar a você sobre uma amiga minha. Ela é diretora de marketing em uma empresa de cosméticos e gasta todo o seu salário fazendo compras como se não houvesse amanhã. Ela compra bolsas, roupas, sapatos de marca e por aí vai. É como se estivesse viciada. Às vezes ela compra bolsas que custam mais do que o salário que ganha no mês. Ela até se endividou comprando um carro de luxo. Mesmo quando estava atormentada por faturas de cartão de crédito e dívidas no banco, nunca parou de gastar demais. Pessoas que esbanjam também ficam ricas ao gastar seu dinheiro com satisfação?", perguntei.

A pergunta que eu realmente estava fazendo era: qual é a diferença entre *Usufruir* e esbanjar? Me parecia de alguma forma injusto que as pessoas pudessem jogar dinheiro fora e ainda ficar ricas porque estavam gastando seu dinheiro com satisfação.

Suh Yoon perguntou: "Ela fica ansiosa enquanto faz isso?".

"Bem, sim. Quando fazemos compras juntas, ela resmunga sobre já ter gastado demais no cartão de crédito, mas ainda assim compra coisas caras. Mesmo depois das compras, queixa-se de ter medo da hora de pagar a fatura do cartão de crédito."

Suh Yoon estava confortavelmente relaxada, mas se sentou de repente ereta. Disse de modo duro: "Isso não é *Usufruir*".

Eu perguntei, tímida: "Mas o amor da minha amiga pelas compras não parece em nada diferente de estar contente ao gastar dinheiro. O que é tão diferente no *Usufruir*?".

"Vamos supor que você fosse morrer em 24 horas. O que você faria com o dinheiro que tem?"

"Ah... por que eu economizaria dinheiro nesse caso? Eu sairia gastando tudo."

Suh Yoon me conduziu gentilmente. "Agora pense em como você se sentiria se seu salário aumentasse muito. E compare essa sensação com aquilo que sentiria se estivesse gastando seu dinheiro em suas últimas 24 horas de vida."

Fechei os olhos por um momento e imaginei mais uma vez que meu salário anual dispararia para 1 milhão de dólares. A ideia de que o fluxo de dinheiro que entraria seria maior do que meus gastos me deu uma sensação de saciedade, mesmo sem comer nada. Eu me imaginei comprando roupas e bolsas em uma loja de departamentos e me senti eufórica.

Voltei a imaginar que não existia amanhã. Eu me imaginei saindo para jantar a comida mais deliciosa, mas não consegui me imaginar nem um pouco feliz em meio a toda aquela experiência. Jogar dinheiro fora podia ser uma maneira de esquecer a ansiedade ou o medo, ou apenas de desistir da vida de uma vez. Não haveria contentamento em comprar bolsas ou roupas que nunca usaria. Quanto mais eu gastasse, mais deprimida me sentiria.

Eu compartilhei esses pensamentos com Suh Yoon, e ela disse: "Essa é a diferença entre *Usufruir* e esbanjar".

Eu me lembrei de ocasiões em que tinha esbanjado dinheiro. Tinha ido jantar com uma amiga que estava usando uma calça jeans nova. Ela ficou ótima com a calça, que de repente pareceu muito chique e essencial. Eu corri para a loja de departamentos para comprar a mesma calça por muitas centenas de dólares. Minha amiga aproveita a vida, vivendo uma rotina com tempo livre enquanto seu marido trabalha em um banco de investimentos. Ela está sempre viajando para o exterior e postando fotos elaboradas de seus passeios no Facebook. Acho que parte de mim imaginou que se eu comprasse a mesma calça poderia viver como ela. Poderia me sentir tão livre e desimpedida quanto ela. Em vez disso, descobri que só deixava a calça esquecida no guarda-roupa em vez de usá-la. Ela não combinava com o meu estilo de vida. A compra só me deixou arrependida.

Uma vez troquei uma mesa em perfeito estado por uma nova que custara alguns milhares de dólares só porque algumas amigas iam me visitar. Eu estava com medo de que minhas amigas, cujos maridos tinham altas rendas e nenhuma necessidade de se preocupar com dinheiro, tirariam sarro da minha antiga mesa. As faturas do meu cartão de crédito dos meses seguintes me fizeram lamentar.

Encabulada, contei a Suh Yoon essas histórias e como tinha me sentido na época. Sua expressão de compreensão me mostrou que eu não era a única com esse tipo de experiência. Ela disse, com tranquilidade: "Então esses itens não foram comprados para agradar você mesma".

Minha ficha caiu. Eu estava desperdiçando dinheiro porque estava mais interessada no que outras pessoas estavam comprando e em como elas me viam. Portanto, mesmo depois de gastar dinheiro, eu não ficava nada feliz. Suspirei. "É verdade! Quando eu gastava dinheiro daquele jeito, colocava a inveja, a ansiedade ou a opinião de outras pessoas na frente. Consumir não me deixava feliz; pelo contrário, o arrependimento fazia com que eu me sentisse pior."

Ela disse com delicadeza: "Vamos comparar isso com um exemplo diferente. Médicos e naturopatas dizem que o autotratamento é instintivo, que o paladar de uma pessoa a faz desejar a quantidade certa de qualquer coisa de que seu corpo precise".

"Certo! Eu fico morrendo de vontade de comer sal quando estou cansada, e vou atrás de ovos para repor os nutrientes que perdi quando estou de ressaca."

"É exatamente isso. Se você prestar bem atenção ao que o seu corpo deseja, vai entender o tamanho do seu estômago e de que tipos de alimentos você precisa, evitando comer demais. A saúde vai seguir seu caminho naturalmente. O mesmo acontece com as compras. Se você prestar atenção ao que de fato quer, vai se distanciar de forma espontânea de compras supérfluas e por pura ostentação. O fluxo da riqueza é tão natural quanto surfar uma onda. Tudo o que você precisa fazer é ficar no barco flutuando na água; você nem precisa remar."

Suh Yoon concluiu nosso primeiro longo dia de conversa com o seguinte:

"A vida é uma jornada na qual buscamos e integramos diversos 'eus' em cada um de nós. No fim, você tem de se tornar você mesmo. As pessoas, quando se tornam elas mesmas, descobrem um poder interior que pode torná-las felizes sozinhas. E o *Usufruir* é o modo mais fácil e mais rápido de conseguir isso".

Os raios de sol que entravam pela janela já tinham se alongado. O sol estava prestes a se por. Eu de repente me dei conta de que muitas horas tinham se passado. Suh Yoon me acompanhou até a porta do hotel, na saída. O céu tinha mudado e estava cheio de luz carmim.

Quis dar uma volta a pé pelo lago de Como, a água manchada de vermelho pelo sol poente. Eu refletia enquanto caminhava ao redor da água. Sentia como se tivesse me tornado uma pessoa diferente da que eu era antes de ter encontrado Suh Yoon naquela manhã, como se eu já tivesse crescido mentalmente. Quanto tempo fazia que eu não me sentia daquela maneira? Eu tinha um palpite que o processo de aprender sobre o *Usufruir* com essa guru se tornaria uma jornada de encontro comigo mesma, e eu poderia crescer mais nesse caminho. Talvez eu até ficasse rica.

#CITAÇÕES DA GURU

"Se você prestar atenção ao que de fato quer, vai se distanciar de forma espontânea de compras supérfluas e por pura ostentação. O fluxo da riqueza é tão natural quanto surfar uma onda. Tudo o que você precisa fazer é ficar no barco flutuando na água; você nem precisa remar."

"A vida é uma jornada na qual buscamos e integramos diversos 'eus' em cada um de nós. No fim, você tem de se tornar você mesmo. As pessoas, quando se tornam elas mesmas, descobrem um poder interior que pode torná-las felizes sozinhas."

HISTÓRIA DA GURU
O caminho da guru

Suh Yoon era uma criança extraordinária em todos os aspectos. Aos 3 ou 4 anos aprendeu os caracteres coreanos e chineses, além de matemática básica, surpreendendo todos ao seu redor. Ela se dedicou a questões filosóficas ainda muito jovem, lendo atentamente clássicos adultos. *A metamorfose*, de Franz Kafka, leu aos 6 anos de idade. O fim miserável da vida do personagem principal, que ele vivia sem ser o protagonista, assustou a pequena Suh Yoon. Ela sentiu que os adultos com quem convivia não eram muito diferentes do personagem do romance. Mesmo sua mãe não conseguia viver a própria vida por causa de suas obrigações com a família e com os padrões da sociedade. Suh Yoon refletiu profundamente sobre ser a dona da sua própria vida e sobre a ansiedade da existência humana. Esse se tornou um dos principais tópicos de seu pensamento durante a juventude.

Suh Yoon nasceu com outro talento: habilidade empática. Sem ter aprendido com ninguém, ela podia sentir a dor e a tristeza de outras pessoas desde o início de sua infância. Isso não é o mesmo que entender ou confortar uma pessoa; em vez disso, quando ela está perto de alguém com problemas, ela se apaga por completo para entender a emoção da outra pessoa e curar seu coração partido. Naquela época, Suh Yoon começou a inventar histórias para confortar pessoas quando elas sofriam mentalmente. Para uma babá que tinha um filho com deficiência, ela recitou o conto de fadas sobre a avó e o filho doente que ganhavam uma vida melhor. Para sua mãe, que estava enfrentando conflitos com membros da família, contou a história de como Cinderela tinha enfrentado a rainha depois de seu casamento. Embora fosse jovem, e as histórias, infantis, Suh Yoon também sentia que os adultos ficavam de certo modo aliviados com seus relatos.

No entanto, a mãe de Suh Yoon se opôs fortemente ao desejo de sua avó de educá-la. Ela sentia que o destino de tornar as pessoas ricas era demais para uma filha que vivia sempre doente. Clássicos escritos em caracteres chineses eram difíceis até para adultos. Mesmo assim, Suh Yoon achou esse estudo interessante. Ela mergulhou em livros cujas histórias eram transmitidas havia milhares de anos, explorando seus significados profundos, apesar da oposição de sua mãe.

"O céu tem tormentas incomensuráveis; os humanos têm desventuras e bênçãos que mudam de manhã e à noite. (天有不測之風雨,人有朝夕之禍福.)" Essas palavras clássicas tocaram o coração de Suh Yoon.

Ela também começou a meditar naquela época. Quando foi ao templo, ouviu monges dizerem que a meditação ajuda a mente a estudar. Assim que Suh Yoon ouviu aquilo, se dedicou a tentar isso por cem dias. Ela era uma criança extraordinária, mas achou difícil meditar. No primeiro dia, ela se ajoelhou do seu jeito e fechou os olhos por cerca de uma hora. Ela não sabia em que pensar, por mais que tentasse.

Um dia, talvez por causa de sua dedicação aos estudos, Suh Yoon acabou com uma febre alta e resmungou de dor a noite inteira. De manhã, quando a febre cedeu, sua garganta estava seca, e ela tomou chá gelado de cevada que sua babá tinha levado. Naquele momento, o aroma e o sabor da cevada pareciam alcançar todas as partes de seu corpo. Era o mesmo chá que ela tomava fazia muitos anos, mas sentia como se o estivesse tomando direito pela primeira vez. Ela se deu conta de que viver o momento mudava tudo.

No dia seguinte, depois de sua meditação matinal costumeira, Suh Yoon abriu os olhos devagar e respirou fundo. Ela sentiu que o ar fresco se espalhava por todo o seu corpo ao respirar pelo nariz. Olhou ao redor em paz. Tudo em seu quarto parecia diferente do dia anterior. Agora ela sabia a sensação de estar perfeitamente no aqui e no agora.

No entanto, havia uma coisa que a pequena Suh Yoon não sabia. Era o primeiro dia de seu destino como guru.

9. Luz do sol em Verona

Piazza Bra, Verona, Itália. Eu estava esperando Suh Yoon no meio dessa cidade romântica, famosa por ser o cenário de *Romeu e Julieta*, de Shakespeare. Eu estava encantada com o tempo que tinha passado com ela no dia anterior. Ela tinha me cativado completamente com seus *insights* e sua energia intensa. As horas tinham passado num piscar de olhos enquanto eu estava sob o feitiço de suas ideias. Enquanto a ouvia, eu estava confiante e cheia de esperança na perspectiva de ficar rica. Como meu coração estava cheio de esperança, tudo no mundo parecia diferente do dia anterior.

Por ter chovido um pouco naquela manhã, a *piazza* ainda estava molhada, mas o céu estava limpo e azul. A luz do sol transbordava como uma bênção no anfiteatro romano, refletindo-se no chão molhado da *piazza* e cintilando como centenas de peixes prateados. Fiquei na ponta dos pés e me entreguei ao sol brilhando com toda a força como se fosse uma pequena árvore fazendo fotossíntese. Que tipo de nova esperança eu criaria ao encontrar Suh Yoon hoje?

Eu me peguei cantarolando a canção "O Sole Mio" ("Meu sol").

Que coisa mais linda é um dia ensolarado!
O ar sereno depois de uma tempestade,
O ar tão fresco que já parece uma celebração.
Que coisa mais linda é um dia ensolarado!

"Estou tão feliz de ver você aproveitando o dia!"

Suh Yoon estava parada na minha frente usando um vestido cor de pêssego sem mangas, óculos de sol marrons e batom rosa-claro. O que chamou minha atenção foram as sombras de covinhas nos dois lados de seus lábios sorridentes. Os homens italianos que passavam não conseguiam tirar os olhos dela, mas Suh Yoon não estava interessada em sua atenção. Ela apenas sorria para mim.

"Você está indo muito bem no *Usufruir*!"

"Desculpe? Como assim?"

Usufruir. A palavra tinha se aninhado fundo no meu coração ontem. Ela queria dizer que eu já estava praticando? Eu não estava gastando dinheiro algum.

"Neste momento, você está aproveitando a vista desta *piazza* e as bênçãos desta luz do sol com todo o seu corpo e sua alma. Você está dividindo essa alegria comigo. Viver o momento, este é o primeiro passo para *Usufruir*."

"Nossa, é bem mais fácil do que imaginei!" O conceito tinha parecido difícil de entender quando expresso apenas por meio de palavras, mas era de fato fácil assim.

Fomos dar uma volta para aproveitar o dia maravilhoso, com um sorvete de baunilha nas mãos, como Audrey Hepburn em *A princesa e o plebeu*. Meus sapatos soavam como um instrumento percussivo contra os ladrilhos da *piazza*. Não era difícil apreciar o momento nessas condições. Provei meu sorvete. O sabor doce, que derretia sob o sol ou na minha boca, se espalhava por todo o meu corpo.

Eu pensei sobre nossa conversa no dia anterior e divaguei: "Mesmo que muitas pessoas estejam absorvendo a luz do sol, a energia dele se derrama sobre nós infinitamente. Mas se eu tivesse dado as costas para o sol, não conseguiria reconhecer sua energia. Talvez a energia da riqueza já esteja se derramando sobre todos nós de forma abundante".

"Sim, o sol está sempre lá, mesmo quando damos as costas. Só de mudar nossa direção, podemos aproveitar o sol a qualquer momento." No anfiteatro, famoso pela ópera, sua voz soava musical.

Atravessamos a *piazza* em direção ao parque. Suh Yoon caminhava ao meu lado, mas parou de repente. Eu me virei para a direção em que ela estava olhando e vi um músico de rua com um violão e um chapéu fedora. Ele estava tocando uma música popular italiana, os pés batendo prazerosamente. Suh Yoon acompanhava com um sorriso radiante. Eu podia ver que ela estava imersa na música, saboreando o momento. Quando a performance acabou, ela aplaudiu sorrindo bastante, depois colocou algumas notas no estojo do violão diante do músico. Suh Yoon também estava praticando o *Usufruir*.

Se eu tivesse ido para a *piazza* sozinha, ansiosa e preocupada com coisas que ainda não tinham acontecido, teria desperdiçado tantos momentos. Em geral eu teria vagado, me sentindo sobrecarregada pelas decisões sobre aonde ir em seguida e pelos planos para os trabalhos que eu teria que realizar depois das férias. Mas agora, depois de aprender o *Usufruir*, eu podia me voltar para o sol. Por que nunca tinha me dado conta de que isso era tão fácil?

Nós nos sentamos em um famoso restaurante local. Perguntei: "Me parece que você pratica o *Usufruir* durante sua rotina diária. Como posso praticar o *Usufruir* agora mesmo?".

#CITAÇÕES DA GURU

"Viver o momento, este é o primeiro passo para *Usufruir*."

"O sol está sempre lá, mesmo quando damos as costas. Só de mudar nossa direção, podemos aproveitar o sol a qualquer momento."

---

10. Rico de verdade

Os bifes de bisteca crepitantes que tínhamos pedido chegaram. Pequenas gotículas de óleo dançavam na superfície da carne perfeitamente cozida. Minha boca começou a ficar cheia d'água antes que eu percebesse.

Suh Yoon falou comigo com o garfo e a faca nas mãos. "Procure ter uma experiência completa, provando o sabor, o aroma, até a textura deste bife. Coma como se fosse o primeiro bife da sua vida."

Coloquei um pedaço de carne na boca. O bife, bem temperado com sal e pimenta, tinha um sabor agradável, com um pouco de elasticidade. "Humm, está delicioso." Um sorriso surgiu naturalmente. Fechei os olhos e me deliciei com o bife devagar, desfrutando seu sabor, então engoli. Abri um pouco os olhos e olhei com atenção para Suh Yoon.

"Uau, está saboroso! Mas *saboroso* não é a palavra certa, seria mais... não tenho certeza." Continuei procurando o termo correto.

"Essa animação é o começo do *Usufruir*. Agora você está completamente concentrada no sabor e se perdeu no prazer de comer. Essa é a sensação de viver 100% no momento." Ela abriu muito os olhos e ergueu os polegares.

Eu estava parecendo quase um bebê que fica em pé e dá os primeiros passos. Seu elogio me inspirou a progredir mais um pouco. Cortei meu bife e me concentrei no sabor. Tentei ficar absorta por completo no momento e no fato de que eu podia comer uma comida tão deliciosa. Pensei: *Tenho os recursos para vir até a Itália e pagar por um bife delicioso. Este bife é tão saboroso...*

A princípio, *Usufruir* assim pode parecer um pouco estranho. Mas eu não sentia que era difícil. Era suficiente sentir a felicidade do momento. Minhas emoções lentamente ficaram mais fortes.

Eu perguntei: "Esta é a maneira certa para eu me sentir melhor pouco a pouco?" Suh Yoon sorriu como para me apoiar e incentivar.

De repente fiquei curiosa: as outras pessoas também sabiam o segredo de *Usufruir*? Eu engoli depressa a carne que estava mastigando e perguntei: "Todas as pessoas ricas praticam o *Usufruir* assim?".

Suh Yoon respondeu como se já estivesse esperando pela pergunta.

"Sim. O *Usufruir* é uma parte da vida delas. Fica tão natural que você não consegue parar de pensar nele. Na verdade, todas pessoas ricas já tornaram o *Usufruir* parte de suas vidas há um tempo."

"Pessoas ricas de verdade?"

"Há dois tipos de pessoas ricas no mundo. Ricos de verdade e ricos de mentira", ela respondeu. "Os resultados da minha análise de dados de 100 mil pessoas mostram que todos os ricos de verdade têm o *Usufruir* em comum. Quando você examina o modo como fizeram fortuna, pode ver que o *Usufruir* é notavelmente o jeito mais rápido e eficiente de enriquecer."

"Então para pessoas ricas de verdade *Usufruir* significa gastar dinheiro com alegria? Essas pessoas já são ricas. Deve ser fácil para elas sentir que 'têm', afinal, elas já possuem dinheiro."

"Senhora Hong, o que vem primeiro: energia ou matéria?"

Eu me sentir pega de surpresa pela pergunta dela. Aquilo ali não era uma lição de física. Não tinha certeza de como responder. Ao ver minha confusão, Suh Yoon sorriu e seus olhos se enrugaram. Enquanto eu relaxava, ela me deu uma dica.

"Nossas emoções são um tipo chave de energia, e dinheiro é um tipo de matéria."

Eu me esforcei para encontrar uma resposta. "Ah... então... primeiro vem a matéria e depois vem a energia? Você se sente bem porque tem dinheiro, certo? Por exemplo, para uma pessoa muito rica, deve ser tão bom gastar dinheiro. Se eu tivesse muito dinheiro, também poderia me sentir assim."

Suh Yoon negou com a cabeça devagar. Estranhamente, eu não fiquei nem um pouco envergonhada, mesmo quando me dei conta de que tinha dado a resposta errada. Sorri de leve, e seu olhar cálido afirmou que estava tudo bem.

Eu tentei de novo. "Hã... então a energia deve vir antes da matéria. Acho que não entendi muito bem. Você está dizendo que posso me sentir feliz mesmo quando não tenho dinheiro nenhum. Achei que era necessário ter uma causa para conseguir um efeito."

Ela abriu um sorriso largo e bateu palmas enquanto falava. "Está certo! Causa e efeito!"

"Como?"

"Não se engane com o que os seus olhos veem. A verdade é inesperadamente simples. Se você aproveitar seu dinheiro com energia positiva, com certeza vai atrair mais dinheiro. Energia é a causa, e matéria é o efeito que segue."

Notei que as perguntas aparentemente despretensiosas de Suh Yoon em resposta à minha conseguiam me levar a momentos de "aha". Eu me dei conta de que ela estava usando o método socrático para me ensinar, me empurrando rumo à verdade.

Eu disse: "Então... as pessoas ricas de verdade não praticam o *Usufruir* porque têm dinheiro... mas têm dinheiro porque praticam o *Usufruir*. Ao aproveitar meu dinheiro com a alegria de 'usufruir', mais dinheiro chega até mim... então posso me tornar rica também?"

Suh Yoon sorriu com minha resposta. "Conversar com pessoas sensíveis é tão maravilhoso. Sua resposta está correta."

Ela brincou com um pingente que descia de seu pescoço e descansava entre as clavículas como se reorganizasse seus pensamentos por um momento. A madrepérola branca brilhava delicadamente sempre que Suh Yoon a tocava.

Suh Yoon abriu a boca. "Pessoas ricas de verdade são aquelas que sabem aproveitar a felicidade enquanto gastam dinheiro. A quantia que elas têm em sua carteira neste momento não é relevante. O que importa é praticar o *Usufruir* enquanto você gasta seu dinheiro. Dessa forma, a energia de suas emoções irá atrair mais dinheiro. Não importa se a quantia é pequena. O *Usufruir* começa quando você consegue se concentrar na ideia de que 'Agora, neste momento, eu tenho dinheiro', mesmo que você tenha apenas um dólar. À medida que seus sentimentos gradualmente aumentarem, você vai se sentir grata por sua habilidade de ganhar dinheiro. Então será grata por um mundo que lhe permite ganhar dinheiro. Saber que o dinheiro volta para você em maior medida: essa é a sensação da pessoa rica de verdade."

#CITAÇÕES DA GURU

"Se você aproveitar seu dinheiro com energia positiva, com certeza vai atrair mais dinheiro. Energia é a causa e matéria é o efeito que segue."

"Pessoas ricas de verdade são aquelas que sabem aproveitar a felicidade enquanto gastam dinheiro. A quantia que elas têm em sua carteira neste momento não é relevante."

"O *Usufruir* começa quando você consegue se concentrar na ideia de que 'Agora, neste momento, eu tenho dinheiro', mesmo que você tenha apenas um dólar."

EXEMPLO
As três bênçãos do "deus da administração" japonês

Konosuke Matsushita é conhecido como o "deus da administração" no Japão. Ele nasceu em uma família rica, que foi arruinada quando ele tinha 5 anos de idade por causa da falência de seu pai. Por essa razão, ele teve de abandonar a escola na quarta série e trabalhar como vendedor em uma loja de bicicletas. Ele costumava chorar até dormir à noite pensando em sua mãe, que tinha falecido.

Ele superou sua infância difícil e fundou a Matsushita Electric Housewares Manufacturing Works com cem ienes, aos 23 anos. As vendas dessa empresa aumentaram para mais de 5 trilhões de ienes, e ela se tornou uma das empresas mais famosas do Japão, com subsidiárias que incluem a National e a Panasonic.

Um dia, um jornalista lhe perguntou: "Sr. Matsushita, qual é o segredo do seu grande sucesso?".

Ele respondeu: "Eu recebi três bênçãos lá do alto: ser pobre, ser frágil e não ter estudado. Fui bem-sucedido graças a essas três bênçãos".

"Bênçãos lá do alto? Elas parecem azar."

"Você não está errado. Mas a pobreza me ensinou cedo a importância de trabalhar duro. A fragilidade me ensinou o valor da saúde. Eu pude tomar conta de mim mesmo e ficar saudável graças a esse conhecimento. E ter abandonado a escola na quarta série alimentou meu desejo de sempre aprender." Foi assim que Matsushita colocou seu coração no *Usufruir*, mesmo quando ele vivia com aquilo que os outros consideravam azar, e foi assim que ele conseguiu se tornar uma das pessoas mais ricas do Japão.

11. Rico de mentira

Eu comecei a pensar. *O que é um rico de mentira, então?*
"Pessoas ricas de mentira são acometidas por pensamentos de que não têm dinheiro suficiente enquanto gastam. Elas se concentram no 'insuficiente' em vez de em 'eu tenho isso'. Tratam o dinheiro como se ele fosse proibido. Acham que uma calamidade vai acontecer se elas não fizerem cortes rigorosos e economizarem. Pessoas ricas de mentira encaram o dinheiro como uma corrente de água que pode ser interrompida a qualquer momento."

Suh Yoon tomou um gole de seu café antes de continuar. "Basicamente, pessoas ricas de mentira enviam energia ansiosa e insatisfeita quando não conseguem usar seu dinheiro. Elas podem ser milionárias no papel, mas isso não significa nada. Elas estão sempre tentando encontrar maneiras de impedir que o dinheiro fuja delas."

"Ah... Eu admito, sempre pensei que a única maneira de ficar rica fosse economizando."

"É fácil quando você pensa sobre a origem de uma mentalidade econômica. Imagine agora que você não vai conseguir ganhar dinheiro nenhum no próximo mês. Ainda poderia pagar por esse bife agora?", ela perguntou gentilmente.

Não era uma pergunta difícil. Respondi de imediato. "Não. Eu não poderia gastar um centavo. Não saberia o que ia acontecer e priorizaria economizar."

Suh Yoon fez a seguinte pergunta. "Mas e se você soubesse que seu salário aumentaria dez vezes no mês seguinte?"

Eu ri. "Eu me sentiria muito bem com essa quantidade de dinheiro! Poderia comer do bom e do melhor e aproveitaria qualquer coisa que quisesse." Eu percebi o que ela queria dizer. "Então... essa é a diferença de raciocínio entre um rico de verdade e um rico de mentira. Pensar que você tem dinheiro e pensar que você não tem dinheiro."

Suh Yoon sorriu e assentiu com a cabeça, já que eu tinha entendido perfeitamente. Depois de um gole daquele café delicioso, ela disse: "Imagine, sra. Hong, que você estivesse de óculos. Quando as lentes são pretas, o mundo parece escuro, mas quando as lentes são azuis, o mundo também fica dessa cor. Da mesma maneira, pessoas ricas de verdade veem o mundo através das lentes do *Usufruir*, enquanto os ricos de mentira enxergam através das lentes do 'dinheiro insuficiente'".

Eu me lembrei de algo de que tinha me dado conta quando conversava com Suh Yoon no dia anterior: o mundo parece completamente diferente quando você o vê com o *Usufruir* ativado do que quando você o vê com o "insuficiente" ativado. Essa era a diferença entre pessoas ricas de verdade e pessoas ricas de mentira.

Eu acrescentei: "Então... se aplicarmos a lei que diz que a energia vem antes da matéria... as pessoas ricas de mentira vão afastar o dinheiro ao se concentrar na falta dele".

Eu não pude deixar de pensar na vida do meu pai naquele momento. Meu pai tinha sido afligido por sua ansiedade a respeito de perder dinheiro sua vida inteira. De acordo com ele, dinheiro era para ter, não para gastar. Sua sensação de ansiedade só aumentou à medida que ganhava mais dinheiro. Meu pai aos poucos conseguiu economizar mais, à medida que mais dinheiro se acumulava em sua conta bancária. Isso se manteve até o fim, na ala de oncologia. Meu pai ficou em um quarto com mais seis pessoas para economizar alguns centavos. Foi lá que sua vida acabou. Quando pensei no pedido de meu pai para que eu vivesse de modo diferente, engasguei de tristeza. "Estou pensando no meu pai."

Suh Yoon olhou para mim como se estivesse se compadecendo. Sua expressão doce sugeriu que ela também sentia as minhas emoções. As lágrimas começaram a rolar pelas minhas bochechas. A tristeza que eu vinha reprimindo por algum tempo de repente irrompeu diante dela. Ela bateu de leve no meu ombro. Parecia que uma energia de cura vinha daquela mão. Seu consolo sincero aqueceu meu coração, e minhas lágrimas e tristeza começaram a diminuir.

"Estou determinada a viver como uma pessoa viva de verdade. Não posso passar a vida toda só economizando."

Suh Yoon me fitou com olhos de mar profundo. Ela manteve as palavras breves, me dando energia.

"Vai acontecer."

Eu me recompus e voltei para o assunto em questão, mais uma pergunta estava me incomodando.

"Existe um estereótipo de que pessoas ricas não são felizes. Em jornais e livros, não há muita correlação entre ser de classe alta e ser feliz. Mas pessoas ricas de verdade parecem aproveitar a vida e estar felizes. Elas desfrutam do presente quando gastam dinheiro e vivem no momento."

Suh Yoon segurou a xícara com as duas mãos, recostando um pouco na cadeira. Tomou um gole de café serenamente, depois concordou que eu estava certa.

Eu adorava a ideia de que podia viver feliz e ficar rica enquanto aproveitava o presente. Por outro lado, era horrível pensar na vida de uma pessoa rica de mentira. Eu não queria ser escrava da ansiedade e da preocupação. Qual é o propósito de manter seu dinheiro guardado em um cofre e nunca o usar?

Suh Yoon explicou melhor: "Há uma grande diferença entre a vida dos ricos de verdade e dos ricos de mentira, e é porque seus pontos de vista são diferentes. Pessoas ricas de verdade vivem hoje. Elas valorizam a felicidade de cada dia. Pessoas ricas de mentira vivem só no amanhã. Elas vivem cada dia como se tivessem que se sacrificar para o amanhã. Para pessoas ricas de verdade, dinheiro é um 'método' e uma 'ferramenta' para que possam aproveitar o presente com todo o coração. Mas para pessoas ricas de mentira dinheiro é um 'objetivo' ou um 'dono'. Elas sacrificam suas vidas para conservar seu dinheiro".

#CITAÇÕES DA GURU

"Pessoas ricas de verdade vivem hoje. Elas valorizam a felicidade de cada dia. Pessoas ricas de mentira vivem só no amanhã. Elas vivem cada dia como se tivessem que se sacrificar para o amanhã."

"Para pessoas ricas de verdade, dinheiro é um 'método' e uma 'ferramenta' para que possam aproveitar o presente com todo o coração. Mas para pessoas ricas de mentira dinheiro é um 'objetivo' ou um 'dono'. Elas sacrificam suas vidas para conservar seu dinheiro."

FÁBULA
O ouro de um avarento

Esta é uma das fábulas de Esopo. Havia um homem avarento que morava em um vilarejo. O avarento gastou tudo o que tinha comprando ouro e o escondeu em um lugar que ninguém conhecia. Todo dia, ele ia ao local, desenterrava o ouro e se sentia satisfeito consigo mesmo. Mas um criado percebeu que ele ia sempre a algum lugar, e um dia o seguiu em silêncio. Naquela noite, o criado cavou o ouro da terra e fugiu para longe.

No dia seguinte, o avarento descobriu que o ouro tinha desaparecido e se jogou no chão, começando a chorar. Um passante o viu e foi até ele ver o que estava errado.

Ele ouviu a história do avarento e disse: "Pare de chorar. Coloque uma pedra com o mesmo tamanho que a barra de ouro que você perdeu no chão. Finja que o ouro ainda está lá. Qual é a diferença entre uma pedra e uma barra de ouro que você não pode usar?".

12. A vida do rico de verdade

Eu vi no relógio que nossa conversa já durava duas horas. Sempre perdia a noção do tempo quando estava falando com Suh Yoon. Nós saímos do restaurante quando a noite começava a cair na cidade velha.

Caminhamos devagar para a ponte Pietra, construída na era romana. Quando chegamos, olhamos para o outro lado do rio. Um pôr do sol laranja preenchia o céu atrás das casas de telhado vermelho. O rio fazia redemoinhos debaixo da ponte, depois seguia rapidamente seu curso. A brisa da noite refrescava também minha mente. Suh Yoon estava com os braços acomodados sobre o parapeito da ponte e estava de frente para o rio, absorta na vista noturna de Verona. Seu vestido de seda flamejava na brisa.

"Eu adoro aqui... o vento e o pôr do sol", eu disse. "E *Romeu e Julieta* foi encenado nesse cenário romântico? Na verdade, não sou uma grande fã, já que acaba em tragédia... O que você acha do livro?"

Suh Yoon se virou devagar em direção a mim. O pôr do sol vermelho estava refletido em seus olhos. Ela disse: "Você vai se sentir melhor se pensar nas duas famílias se reconciliando. Eu acho que devem ter existido casais das duas famílias que tiveram finais felizes mais tarde".

Perguntei a ela sobre algo que eu sempre ficava curiosa. "Você costuma mandar seus e-mails às quatro ou cinco da manhã. Imagino que acorde cedo para trabalhar, certo?"

Ela me respondeu em um ritmo que me lembrava uma melodia de Chopin. "É nesse período do dia que posso me perder na liberdade de estar sozinha. Eu medito, contemplo e pesquiso mais do que trabalho. Foi minha análise de pessoas ricas que me ajudou a perceber que o segredo do *Usufruir* também era um dom de administrar o tempo."

"Uau, isso é ótimo!" Imaginei Suh Yoon conversando consigo mesma num alvorecer tranquilo e pensei em quão profundamente eu poderia refletir, em quão intensa e profundamente eu poderia compreender minha própria vida se fizesse o mesmo.

Naquele momento, lembrei-me do que Suh Yoon tinha falado enquanto segurava um copo de água. Ou seja, que todo mundo tem um copo que pode conter mais do que uma certa quantidade de riqueza. Que nós nascemos com esses copos. Quanto, então, uma pessoa rica de verdade encheria seu copo?

Suh Yoon sorriu delicadamente e respondeu minha pergunta. "Pessoas ricas de verdade enchem pelo menos de 70 a 80% de seus copos, e em alguns poucos casos chegam a encher até 100% deles."

"E quanto às pessoas com rendas médias? Quanto em geral nós enchemos nossos copos?" Perguntei, para averiguar.

"O que você acha, sra. Hong?"

"Bem... talvez até a metade?" Eu acho que usei cerca de metade do copo com que nasci. Havia um pouco de esperança misturada em minha resposta, não apenas inferência pura. Parecia deprimente morrer sem usar sequer metade de um dom de Deus. Mas, depois que respondi, me lembrei do que eu tinha ouvido Suh Yoon dizer. Ela tinha dito que todo mundo nasce com um copo que pode conter uma riqueza entre 3 a 7 milhões de dólares. Fiz umas contas de cabeça, apertando depressa os botões da minha calculadora mental. Eu disse: "Hum. Quanto mais penso nisso, mais acho que errei em dizer metade. Você disse que a maioria das pessoas nasce com copos que podem conter de 3 a 7 milhões de dólares... Então, se elas os encherem até a metade, devem ter por volta de 3 milhões de dólares em média...".

Eu inclinei minha cabeça e olhei para Suh Yoon. Ela se virou e olhou para o rio. "Infelizmente, dois terços das pessoas nunca enchem seus copos mais do que de 10 a 20% ao longo da vida."

Era chocante. Nem 10%. Morrer com apenas um bocadinho de água em seu copo! Eu quase suspirei. "Ah... isso parece injusto. Nós trabalhamos tão duro quanto podemos, abrindo mão de coisas que queremos e economizando. E apenas enchemos o fundo dos copos... enquanto as pessoas ricas de verdade gastam dinheiro satisfeitas."

"Sim. Muitas pessoas que não são ricas trabalham muito mais duro do que aquelas que são. Se você vai ficar rica ou não, não é proporcional a quanto você tenta. Pessoas ricas de verdade sabem como ganhar mais dinheiro com a mesma quantidade de esforço. É uma questão de eficiência."

Bati no meu joelho ao ouvir a resposta. Veio à minha mente uma época durante o meu segundo ano de MBA. Eu não tinha feito nada além de decorar minhas anotações por vários dias antes de uma prova de economia internacional. Mas, quando vi a prova de fato, tive um branco. Ela estava cheia de problemas que eu tinha de resolver compreendendo e aplicando conceitos que tínhamos aprendido. Tirei a menor nota da sala, porque tinha estudado do jeito errado. Eu sabia os fatos, mas não sabia como aplicá-los.

Ao ouvir o que Suh Yoon me dizia, não parecia provável que eu ficasse rica. Adotando o método errado, você vai acabar com um 6 ou um 7 mesmo se der seu melhor, ao passo que alguém que estuda pela mesma quantidade de tempo, mas escolhe um método mais fácil e mais rápido, vai tirar um 10.

Trrrriiiimm.

Enquanto eu estava perdida em pensamento, uma bicicleta me ultrapassou, fazendo soar uma buzina. Uma estudante universitária usando uma camiseta branca e calça jeans pedalava com os cabelos dourados esvoaçando. Parei de pensar por um momento e a assisti se afastar animada pela ponte.

Suh Yoon perguntou com calma: "Você gosta de andar de bicicleta?".

Respondi, animada: "É claro. Eu andava muito de bicicleta quando era criança".

"Já percebeu que a força que você coloca nos pedais é diferente dependendo do ângulo dos seus calcanhares quando você pedala?"

Eu observei a estudante empurrar os pedais com força ao subir uma colina. "Sim. Parece que a sua força muda dependendo de onde seus calcanhares estão."

"Muda mesmo. Isso se chama *ponto de aplicação*."

"Ah, acho que aprendi isso no ensino médio... Você quer dizer o ponto em que se aplica a força para mover alguma coisa?"

"É isso. Com o ponto de aplicação correto, você pode conseguir até cinquenta vezes mais força. O mesmo acontece quando quer subir uma ladeira com mais facilidade de bicicleta. Você consegue perceber comparando os efeitos de bater num prego segurando o martelo perto da cabeça ou perto do fim do cabo."

É possível multiplicar os efeitos da mesma quantidade de força. O mesmo princípio se aplica a enriquecer: um meio de conseguir muito mais dinheiro com a mesma quantidade de esforço. Eu disse: "É bem como encontrar o ponto de aplicação... Ah, sei qual é a forma mais eficiente de as pessoas ricas de verdade ganharem dinheiro. É por meio do *Usufruir!*".

Ela sorriu prazerosamente e respondeu: "Eu sabia que você entenderia rápido. Você está certa. O *Usufruir* a ajuda a encontrar o melhor ponto de aplicação para si mesma. É um sistema que permite que você alcance a máxima eficiência com o mínimo esforço".

#CITAÇÕES DA GURU

"Pessoas ricas de verdade sabem como ganhar mais dinheiro com a mesma quantidade de esforço. É uma questão de eficiência."

"O *Usufruir* a ajuda a encontrar o melhor ponto de aplicação para si mesma. É um sistema que permite que você alcance a máxima eficiência com o mínimo esforço."

EXEMPLO 1
Um homem que comprou uma ilha através do *Usufruir*

"Senhora Lee, quero ganhar muito dinheiro, pelo menos 200 milhões de dólares. Assim posso aproveitar a vida e dar muitos bônus para meus empregados. Mas quando conto às pessoas sobre o meu sonho, elas tiram sarro de mim e dizem que é impossível, já que eu tenho mais de 40 anos e não possuo muito capital ou experiência nos negócios. O que posso fazer para ficar rico?"

Esse empreendedor procurou a guru e falou sinceramente. Ele disse que ganharia dinheiro e que tinha começado um negócio, mas as pessoas não o levavam a sério. Elas pensavam que o sonho dele era inatingível para um professor universitário. Mas Suh Yoon enxergou a confiança pura desse homem de que se tornaria rico e de que teria coragem de ir atrás disso. Ela o ensinou sobre o *Usufruir* e lhe disse para praticar o método por um mês.

Ele começou a praticar o *Usufruir*, tentando sentir o dinheiro que tinha todos os dias. *Eu tenho tanta sorte de ter dinheiro para administrar um negócio e ir trabalhar assim! Vou tentar sentir essa felicidade*, pensou. Ele se estimulou com pensamentos deste tipo: *Hoje eu paguei os juros de um grande empréstimo. Posso fazer uma dívida porque tenho crédito. Só o fato de pagar os juros é prova do que possuo. É dia de pagamento dos meus empregados. Sou tão grato por ter ganhado o suficiente mais uma vez este mês para pagá-los.*

Depois de um mês, ele procurou novamente Suh Yoon, parecendo mais feliz. "Pratiquei o *Usufruir* e pensei sobre o que tenho. Eu já tenho tanto. Tenho habilidades técnicas sólidas e bons pesquisadores em minha empresa."

"O que é importante é que você sinta essas realizações em seu coração. Que sentimentos essas realidades evocam?", ela perguntou.

"Primeiro, senti minha mente tranquila quando me concentrei no *Usufruir*. Minhas preocupações e ansiedades foram embora. Então meu coração se encheu de alegria e gratidão. Agora meu coração dispara com a esperança de que também vou conseguir."

Ele espalhou o espírito do *Usufruir* para seus empregados também. Se devotou à aplicação dele, determinado a mostrar a esses pesquisadores quanto dinheiro um cientista poderia ganhar. Como resultado, conseguiu desenvolver e patentear uma nova tecnologia em poucos meses e pôde atrair o equivalente a 1 milhão de dólares em investimentos por causa dela.

Aquele homem de negócios conquistou sucesso atrás de sucesso. Sua empresa recebeu royalties dos Estados Unidos e do Japão e exportou sua tecnologia para o exterior. Suas vendas anuais chegaram a bilhões de dólares. Quando ficou rico, ele comprou a ilha que tanto sonhava e também uma fazenda para desfrutar de cavalgadas. Como ele esperava, deu muitos bônus aos seus funcionários.

Ele agora vive como uma pessoa rica de verdade, que desfruta e divide sua abundância.

EXEMPLO 2
A herança de um pai, o *Usufruir*

Um dia, uma mulher de quase 30 anos, parecendo deprimida, visitou Suh Yoon. Ela tinha nascido em uma família rica, mas seu pai falecera de repente, quando ela estava no ensino médio, e a situação financeira de sua família havia piorado.

Mas ela nunca esqueceu a lição que seu pai lhe ensinara. "Meu pai disse que eu deveria ser grata pelo que tenho agora. E ele disse que uma maneira de ser grata era dividir esse dinheiro com outras pessoas. Ele disse que se sua mente for rica, você pode superar qualquer crise que lhe atingir. Na verdade, meu pai oferecia bolsas de estudos para os filhos de seus funcionários e ajudava os vizinhos que passavam necessidade." Ela olhou para Suh Yoon com lágrimas nos olhos. "Mas depois que meu pai faleceu tudo ficou caótico. Só viver já era difícil na época, e acho que esqueci as lições que ele me ensinou."

Enquanto seus amigos aproveitavam viagens para o exterior e encontros românticos na época da faculdade, ela tinha de ganhar dinheiro para pagar sozinha por seus estudos acadêmicos. Alguns de seus amigos até lhe deram as costas em sua época de dificuldade. Ela se formou na universidade e arrumou um emprego como funcionária temporária em uma revista, mas via seus amigos em bons empregos graças à ajuda dos pais e se sentia deprimida e decepcionada. Foi então que conseguiu se encontrar com a guru. Ela se lembrou de que Suh Yoon tinha ajudado seu pai quando ele estava vivo, então a procurou.

Suh Yoon disse: "Você tem uma bela herança espiritual do seu pai. E tem o talento para desenvolver essa herança com oportunidades da vida real. Daqui a três meses você vai ter uma boa oportunidade, graças às conexões de seu pai".

A mulher ouviu. A lembrança de seu pai levou lágrimas a seus olhos. Ela confessou: "Sempre que estou passando por uma situação difícil eu me ressinto com meu pai, que me deixou de repente. Eu nunca tinha pensado em uma herança espiritual dele. Meu pai sempre valorizou o que tinha. Não sei por que me esqueci disso por tanto tempo".

A mulher seguiu o conselho de Suh Yoon e praticou o *Usufruir*, então sua vida começou a mudar. Ela era muito grata pelo que tinha e se sentia esperançosa. Quando ela passou a viver o momento, sua atitude em relação ao trabalho mudou naturalmente. Ela levou sua personalidade brilhante e proativa para o trabalho. As pessoas ao seu redor perceberam essas mudanças e lhe deram mais oportunidades.

Dois meses se passaram e ela conseguiu uma entrevista com o CEO de uma empresa de transportes, preenchendo a vaga de um empregado mais antigo que estava afastado do trabalho. Felizmente, o gerente era alguém que seu pai tinha ajudado no passado. Ele recomendou que ela aceitasse o trabalho de secretária na empresa dele. Com o *Usufruir*, ela agarrou essa grande oportunidade com segurança. A mulher usou sua energia positiva e encontrou no mundo um lugar mais abundante. Ela foi proativa e ampliou seu trabalho com confiança em si mesma e no mundo. Não trabalhou apenas como secretária, mas também se voluntariou para administrar o site da empresa. Ela era boa em lidar com os problemas dos motoristas quando eles tinham dificuldades no trabalho. Naturalmente, seus chefes passaram a confiar mais nela.

Sete anos depois de ter começado como secretária, o presidente da empresa sugeriu que ela se tornasse a CEO. Ela fez uma fusão da empresa de transportes com uma companhia empreendedora, e sua empresa mais do que triplicou seu tamanho inicial.

Essa mulher praticou o princípio de seu pai de sempre ser grata por ter dinheiro suficiente para dividir. Ela criou uma fundação para oferecer bolsas de estudos para adolescentes em situações financeiras difíceis, como a que ela tinha passado, e persuadiu outras pessoas ricas a voluntariar e dividir suas riquezas, seguindo seu exemplo.

Pensei nos ricos que tinha conhecido na época em que era jornalista. Um deles bebia vinhos que valiam mais de mil dólares na minha frente e se vangloriava de quão rico era. Só que mais tarde ele foi preso porque descobriam que estava desviando dinheiro da empresa. Outro rico era mesquinho com os outros. Ele não aumentava o salário de seus funcionários mesmo quando se designava um salário muito alto. No fim, um funcionário o denunciou por fraude de contabilidade, e sua empresa faliu.

Mas as pessoas ricas de verdade sobre as quais Suh Yoon tinha me contado eram diferentes. Elas praticavam o *Usufruir* e sonhavam em ficar ricas, sentindo o que tinham. Elas usavam suas emoções para atrair dinheiro, agarrar a sorte e dividir sua abundância quando enriqueciam. Acima de tudo, pessoas ricas de verdade vivem para o momento, mesmo depois de terem enriquecido.

13. Gui-in

A brisa na ponte estava ficando mais fresca à medida que os minutos passavam. Suh Yoon, que usava roupas leves, tremia de frio. Nesse momento, ela parecia mais feminina e delicada do que qualquer pessoa que eu já tivesse conhecido. Nós seguimos para uma cafeteria próxima. Ela se aqueceu com uma xícara de café que segurava com as duas mãos. O amargo do meu expresso se misturava com o sabor doce do açúcar enquanto eu bebia.

Conversamos depois que nos aquecemos. Eu perguntei: "Estou curiosa sobre como as pessoas ricas de verdade atraem uma riqueza uma dúzia de vezes maior do que a dos outros por meio do *Usufruir*. Que caminho esse dinheiro segue para chegar até elas? Elas ganham na loteria de repente?".

"Há maneiras diferentes, mas a maioria ganha dinheiro por meio de suas conexões."

Fiquei um pouco decepcionada com aquela resposta, já que ela não parecia tão igualitária quanto eu esperava. Você já precisava ter conexões para chegar mais longe? "Quer dizer que alguém conta a elas sobre um tipo de negócio ou dá uma informação sobre ações? Ou conhecidos as indicam para empregos ou elas recebem bônus de chefes generosos?"

"A maneira como cada pessoa atrai dinheiro por meio de suas conexões é diferente, assim como o tipo ou o caráter dessas conexões", respondeu Suh Yoon. "Mas o que as pessoas ricas de verdade têm em comum é que elas têm bons relacionamentos com muitas pessoas e tomam o cuidado de cultivar esses relacionamentos. Muitas pessoas ricas de verdade amadureceram os frutos do *Usufruir* por meio de suas conexões."

Eu pensei sobre o termo *gui-in*, "uma pessoa preciosa para mim que ajuda coisas boas a acontecerem comigo."

"Então ter conexões é como ter um *gui-in*. Certo?"

Suh Yoon abriu um sorriso radiante, já que eu estava certa.

Continuei: "Então onde posso encontrar um *gui-in*? Para ser honesta, não tenho muitos amigos próximos ou colegas, então não sei o que devo fazer. Se eu praticar o *Usufruir*, um *gui-in* vai 'tchã-nã!', aparecer de repente diante de mim?".

Suh Yoon riu. "Isso também é diferente para cada pessoa. Muita gente não entende direito e pensa que apenas pessoas que você conhece pessoalmente, como amigos ou chefes, podem se tornar *gui-ins*."

O que isso significa? Como alguém que nem conheço pode me ajudar?

"Fui ajudada por *gui-ins* a minha vida inteira, mas nunca conheci a maioria delas pessoalmente."

Minha curiosidade jornalística despertou. "Então quem são seus *gui-ins*?"

"Houve a babá que me criou quando eu era criança. Eu aprendi sobre amor verdadeiro com ela. Quero dizer, um amor que não cobra preço e que não tenta ser o dono de ninguém. E aprendi que é inútil se esse amor não for passado adiante. Alguns filósofos, cientistas e pensadores, tanto os clássicos ocidentais quanto orientais, também foram meus *gui-ins*. Sempre tinha discussões com eles em minha cabeça desde que era criança. Eu tive muitas realizações e aprendi uma variedade muito maior de coisas ao fazer isso."

Pensei sobre alguns exemplos de pessoas ricas de verdade que tinham relacionamentos célebres com mentores que eu agora me dava conta de que eram *gui-ins*. O diretor George Lucas planejou *Star Wars* em meados dos anos 1970. Fã do diretor japonês Akira Kurosawa, ele se inspirou em *Os sete samurais* e *A fortaleza escondida* para desenvolver a história e os personagens de seus filmes. *Star Wars*, lançado em 1977, teve um retorno de setenta vezes o custo de produção, e Lucas teve ainda mais sucesso depois, tornando-se bilionário. Mais tarde, Lucas ficou sabendo que Kurosawa não conseguia levantar dinheiro para produzir seu filme *Kagemusha, a sombra do samurai*, em 1980. O próprio Lucas colocou dinheiro para produzir *Kagemusha* e trouxe investidores. Com esse histórico de produção por trás, *Kagemusha* foi um sucesso aclamado e ainda é considerado um dos melhores filmes do século. Quando Kurosawa ganhou o Oscar honorário, em 1990, o próprio Lucas o entregou e expressou sua admiração pelo diretor.

Jack Ma, o presidente da maior plataforma de *e-commerce* da China, o Alibaba, anunciou a criação de um fundo de bolsas de estudos para a Universidade de Newcastle, na Austrália, em fevereiro de 2017. Ma disse que a criação desse fundo se deu por seu relacionamento com Ken Morley, que ele tinha conhecido na juventude. Ma, aos 16 anos, em 1980, conheceu a família de Morley quando eles visitavam a China. A partir de então, Ma chamou Morley de seu "pai australiano", e eles mantiveram a amizade por correspondência. Morley convidou Ma para ir à Austrália, mas este não podia ir porque seu visto era constantemente recusado. Morley continuou contatando a embaixada australiana na China, e o visto de Ma enfim saiu na sétima tentativa. Mais tarde, Ma diria: "Sou muito grato pela Austrália e pelo período que passei lá durante a minha juventude. A cultura, a paisagem e sobretudo as pessoas tiveram um profundo impacto positivo na minha visão de mundo na época". Morley morreu em 2004, mas Ma doou 20 milhões de dólares para a terra de seu "pai australiano" em reconhecimento à ajuda que tinha recebido.

Kurosawa foi um *gui-in* para Lucas, assim como Morley para Ma. *Gui-ins* em geral não oferecem seu próprio dinheiro. Em vez disso, guiam seus protegidos pelo caminho da riqueza. Eu disse: "Pelo que entendi, todas as pessoas ricas foram ajudadas por *gui-ins*".

"Verdade. Nenhuma pessoa rica de verdade faz as coisas sozinha. Todas as pessoas ricas de verdade têm o lema de que 'nada é de graça'. Elas sabem cultivar boas relações com *gui-ins* e investir nelas."

"Assim como Lucas e Kurosawa se ajudaram."

Havia força por trás das próximas palavras de Suh Yoon. "Esse é um relacionamento arquetípico entre pessoas ricas. Ele segue um círculo virtuoso. Tenho certeza de que você já comprou um presente para alguém por quem sentia gratidão, sra. Hong. Como se sentiu quando fez isso?"

"Eu me senti ótima. E me senti mais feliz ainda ao pensar que a outra pessoa estaria feliz."

Ela falou poderosamente de novo. "Isso é *Usufruir*. Sentir o que você tem agora mesmo e compartilhar isso a deixa animada. Se, por outro lado, você só tentar se beneficiar da virtude de outras pessoas, vai atrair charlatões em vez de *gui-ins*."

De repente me dei conta de algo: não precisava ir longe. Minha *gui-in* estava sentada bem diante de mim. A guru que todas as pessoas ricas no mundo queriam conhecer tinha me atraído até ela. Eu estava tão agradecida que realmente queria retribuir. Tinha que pensar em um meio.

Suh Yoon parecia conseguir ler meus pensamentos e sorriu. Eu me senti muito conectada e bem. Eu estava *Usufruindo*.

A maior oportunidade nesta vida é a chance de encontrar um gui-in.
LI KA-SHING

#CITAÇÃO DA GURU

"Todas as pessoas ricas de verdade têm o lema de que 'nada é de graça'. Elas sabem cultivar boas relações com *gui-ins* e investir nelas."

ESTUDO DE CASO
A *gui-in* dos ricos de verdade e dos ricos de mentira

A bolha imobiliária global estourou em 2007. Suh Yoon podia ver pelo mercado que a bolha estouraria e orientou pessoas ricas que pediram seus conselhos: "A bolha vai estourar a qualquer momento. É melhor você evitar imóveis no terceiro trimestre".

Duas pessoas ricas ouviram esse mesmo conselho dela. A primeira tinha adicionado bilhões à sua fortuna por meio de imóveis. Ele tinha investido apenas no ramo imobiliário a vida inteira, mas não hesitou. Ouviu Suh Yoon e liquidou seus ativos imediatamente. Era um homem muito intuitivo e bom em gerir pessoas. Enquanto praticava o *Usufruir*, confiava em seus *gui-ins* e cultivava cuidadosamente seus relacionamentos com eles.

Aquele homem rico perguntou cuidadosamente para a guru: "Onde devo investir esse dinheiro? Eu só investi em imóveis a vida inteira e não sei muito sobre ações".

Ela respondeu: "Analisando os padrões por trás de seus ganhos até agora, recomendo que você invista em moeda estrangeira em vez de ações".

O homem seguiu seu conselho imediatamente. Depois, quando a crise financeira começou, os preços dos imóveis despencaram e o dólar disparou. O homem teve um lucro enorme com seus dólares e comprou imóveis quando estavam baratos de novo. Ele mais do que dobrou seus bens durante esse processo.

Ele procurou Suh Yoon de novo. "Senhora Lee, não sei como agradecê-la. Graças a você, não só sobrevivi à crise, mas ganhei muito mais dinheiro. Por favor, diga-me se houver qualquer coisa que eu possa fazer para ajudá-la."

Por outro lado, a segunda pessoa rica tinha acumulado uma fortuna de muitos milhões de dólares trabalhando sozinha. Suh Yoon ofereceu o mesmo conselho, mas essa mulher estava relutante em segui-lo. "Nunca em minha vida investi em nada além de imóveis. Esse não é o investimento mais seguro? Tenho medo de perder esse dinheiro que trabalhei tanto para conseguir."

Essa mulher rica tinha ganhado seu dinheiro gerenciando um restaurante ao longo de sua vida adulta. Não desperdiçava um centavo e à noite até passava as notas que tinha ganhado. Ela morria de medo de perder o dinheiro que tinha trabalhado tanto para ganhar e nem sequer comprava roupas novas, mesmo depois que enriqueceu. Ela não conseguia aceitar que Suh Yoon tinha lhe dito para mudar seus alvos de rendimentos. No fim, não reconheceu sua *gui-in* e não vendeu seus imóveis por ansiedade e medo. O mercado entrou em colapso não muito tempo depois, e mesmo a liquidez do dinheiro que a mulher tinha juntado se perdeu. Essa mulher rica por fim passou por um grande revés financeiro porque não queria aplicar seu dinheiro em outros negócios.

HISTÓRIA DA GURU
A guru vai para o ensino médio

"Hã, por que todos esses carros caros ficam na frente da escola todos os dias? Eles ficam no caminho quando estou tentando ir para casa!"

Suh Yoon ouviu em silêncio sua amiga reclamando. Ela sabia por que aqueles carros estavam lá. As pessoas ricas naqueles carros tinham ido encontrá-la. Ela estava no décimo primeiro ano. Pessoas ricas faziam fila na frente da escola todo dia para saber dela, pouco importava se ela tivesse muito ou pouco para lhes dizer.

Ela tinha mergulhado em seus estudos desde os 6 anos de idade. Suh Yoon passava muitas horas por dia estudando os clássicos e analisando estudos de caso. Ela aprendeu muito rápido. Sua avó não tinha mais nada a ensiná-la depois de apenas um semestre. Desde então, Suh Yoon tinha procurado mestres famosos e aprendido diferentes técnicas, mas eles só podiam lhe ensinar uma quantidade limitada de coisas. Em algum ponto, até as pessoas mais famosas não podiam mais responder suas perguntas. No fim, ela resolveu estudar sozinha para responder suas próprias perguntas.

Desde a infância, Suh Yoon acordava todos os dias às quatro da manhã. Nas primeiras horas do dia, ela meditava e se concentrava em sua energia interior, então analisava inúmeros estudos de caso. Ela tinha percebido cedo que seu *insight* se revelava na análise de dados. Descobriu respostas que não podia encontrar nem sequer em livros ao comparar as vidas de várias pessoas. Num dia ela comparava pessoas nascidas com o mesmo destino, mas que viveram em eras diferentes, e no dia seguinte ela comparava as pessoas com os mesmos destinos e que viviam na mesma era, mas tinham nascido em países diferentes.

Ela classificou exemplos de pessoas ricas. Dividiu as pessoas com a mesma quantidade de bens de acordo com onde esses bens estavam aplicados, se em imóveis, produtos financeiros ou dinheiro. Ao olhar os investimentos financeiros, ela examinava a relação entre ações, títulos e derivativos. Quando analisava as pessoas que tinham ganhado dinheiro com ações, levava em consideração se eram investimentos diretos ou indiretos, assim como seu tipo e quando a pessoa tinha enriquecido.

De acordo com os dados de milhares de pessoas que ela analisara até o ensino médio, aqueles que tinham dezenas de milhares ou centenas de milhares de dólares contavam com copos diferentes para suas riquezas. Suh Yoon dividiu as pessoas ricas com fortunas de mais de 10 milhões de dólares, mais de 20 milhões de dólares, mais de 40 milhões de dólares, mais de 70 milhões de dólares ou mais de 100 milhões de dólares e analisou as diferenças. Ela classificou pessoas que tinham entre 100 milhões de dólares e a partir de 1 bilhão de dólares em três grupos e avaliou suas características. Essa análise lhe ensinou que o "copo que contém a riqueza" é diferente para cada um, e que o copo pode ser cheio até transbordado ou sequer chegar até a metade, dependendo do mindset da pessoa. Finalmente, comparou dados das classes média e trabalhadora e desenvolveu um modelo estatístico. Ela continuou refinando seu modelo com mais exemplos de pessoas ricas por dezenas de anos.

Mesmo ainda imersa em sua análise, Suh Yoon nunca negligenciou seu trabalho escolar. Ela sentia que tinha de dar conta de suas responsabilidades como estudante, já que tinha escolhido ser uma. A jovem Suh Yoon sabia que ela era a protagonista de sua própria vida. Ela se concentrou em estudos de caso durante as horas do início da manhã e em estudos acadêmicos durante o horário das aulas.

Começou a aconselhar pessoas ricas quando estava no décimo ano. Rumores sobre a "guru adolescente" imediatamente começaram a se espalhar entre os ricos. Pessoas ricas, excepcionalmente sensíveis em relação a questões de dinheiro, não a deixavam em paz. Elas se aglomeravam na frente da escola.

Havia filas enormes em salas de aula também. Jovens garotas com a cabeça cheia de sonhos se reuniam ao redor de sua carteira durante os intervalos. "Vou passar nessa universidade?", "Gosto desse garoto da igreja. A gente deve ficar junto?", "Minha mãe e meu pai não se dão bem... eles devem se divorciar?"

Essas preocupações adolescentes podiam ser sérias ou triviais. Suh Yoon nunca ignorou as pessoas que a procuravam. Ela lhes deu conselhos, mesmo que fossem apenas algumas poucas palavras. Não importava para ela se as pessoas tinham dinheiro ou não, se eram jovens ou velhas. Suh Yoon não julgava as perguntas que lhe faziam e não diminuía a preocupação de suas amigas. Ela sabia, por ter visto tantos estudos de caso desde que era nova: a dor das pessoas só é diferente do lado de fora. Em suas raízes, as emoções são similares.

A Suh Yoon ao meu lado não era diferente. Para ela, não havia diferença entre uma pessoa sem-teto, o presidente de uma grande corporação, o presidente de um país e um pária social. Nunca deu tratamento especial àqueles considerados ricos na Ásia. Ela se compadecia da dor das pessoas, fossem quem fossem, as aliviava e então encontrava uma solução viável para elas. Não aprendera essas qualidades com ninguém; tinha nascido com os dons que permitiram que ela se tornasse uma guru.

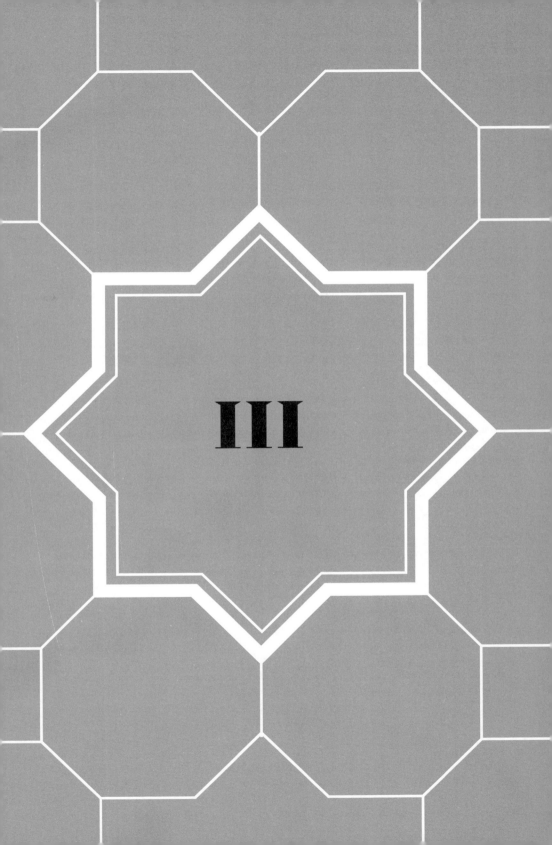

14. Começando a *Usufruir*

Muitos dias tinham passado desde que eu voltara para a Coreia do Sul. Meu encontro com Suh Yoon na Itália, quando estávamos cercadas por longos raios de luz do sol com o cobalto do lago de Como ao fundo, parecia um sonho. Com seu ar etéreo, Suh Yoon tinha me dado esperança de que eu poderia me tornar uma pessoa rica – e até uma pessoa rica de verdade.

Mas, de volta à minha vida cotidiana, eu não tinha certeza de como praticar o *Usufruir*. Eu tinha retornado ao meu antigo estilo de vida como se tivesse sido tragada por ondas. Eu me levantava, tomava café com o estômago vazio e ia para o escritório, trabalhava sem parar em reuniões, relatórios e e-mails até que de repente era hora de ir para casa. Como meu marido trabalhava em uma cidade diferente e só vinha para casa aos fins de semana, eu ia apressada para casa pelas ruas congestionadas e tomava conta de nosso filho de 4 anos sozinha. Preparava o jantar rapidamente, o alimentava e lia até ele dormir, e a essa altura já eram dez da noite. Embora eu estivesse cansada, ligava o computador mais uma vez para cuidar do trabalho incompleto. Só terminava de trabalhar quase meia-noite, então eu me distraía com o controle remoto e caía no sono no sofá.

Enquanto isso, a voz de Suh Yoon parecia ficar mais alta na minha cabeça até ecoar pelo meu corpo. Mas não consegui começar nada por alguns dias porque estava ocupada demais com o meu trabalho. Eu coloquei a prática de *Usufruir* de lado, já que parecia que tinha que realmente ser capaz de me concentrar nele. Eu estava desconfortável, como se tivesse saído de casa com uma peça de roupa faltando. Estava preocupada e achava que nunca seria capaz de me lançar no caminho para a riqueza.

Então, na manhã de uma segunda-feira chuvosa, o trânsito para o trabalho estava ainda mais parado que o comum. De pé na fila de um café, dei uma olhada na minha agenda da semana no meu celular. Ver o calendário lotado de reuniões e minha lista de relatórios a terminar era asfixiante. Eu suspirei sem perceber. Naquele momento, o cheiro de café torrado atiçou meu nariz. O aroma daquele café naturalmente me lembrou de Suh Yoon e da xícara de café que ela parecia sempre estar segurando. Sua voz clara ecoou em minha mente.

Viver o momento, este é o primeiro passo para Usufruir.

Eu de repente me dei conta de que aquele era o melhor momento para começar o *Usufruir*. A energia que eu havia perdido começou a voltar para mim. Minha mente e meu corpo ficaram revigorados durante minhas conversas com ela, como um gole de água gelada em um dia de verão. A energia que ela tinha me dado irrigou minha mente ressecada. Esse simples pensamento me deu coragem. Quando chegou minha vez de pedir, o tom da minha voz tinha se elevado.

"Bom dia!"

Um funcionário de boina escocesa estava de pé do outro lado do balcão. Ele estava quase chegando aos 30 anos e parecia estar se preparando para uma carreira depois de se formar na faculdade – ou então era um estudante dando um tempo do curso para pagar seu empréstimo estudantil. O homem tinha uma mandíbula angulosa e usava óculos redondos, seus olhos pequenos encaravam a caixa registradora, parecendo cansados. A vida dele não parecia tão diferente da minha; nós dois éramos hamsters em esteiras. E eu era uma cliente num horário de pico. Ainda assim, ele se iluminou com meu cumprimento. "Bom dia. Você quer seu café americano de costume?"

Era a primeira vez que via aquele homem sorrir, e, no entanto, ele se lembrava do meu pedido. Parecia que minha energia positiva tinha se espalhado para esse jovem. Eu respondi com um sorriso. "Sim, por favor. O de sempre."

Era hora de começar o *Usufruir*. Entreguei animada o meu cartão e tentei sentir que "tinha" o dinheiro para comprar aquele café com facilidade. Quando estava fazendo meu MBA na Filadélfia, costumava levar café de casa para economizar dinheiro. Mas agora podia beber café sem me preocupar com isso. Eu tinha tantas coisas! Tinha o dinheiro para comprar café! A máquina no balcão indicava que eu devia assinar. Esse processo em geral me irritava, mas naquele dia eu aproveitei.

O jovem gentilmente me entregou meu café quente. Eu disse para mim mesma: *Certo... Vou tentar sentir o* Usufruir. *Vou tentar aproveitar este momento.* Senti como se Suh Yoon estivesse ao meu lado segurando uma xícara de café. Pensei em sua expressão e senti que podia fazer isso.

Envolvi a caneca com as duas mãos e apreciei o aroma. Deixei o café circular na minha boca e o engoli. O aroma maravilhoso daquela bebida quente se dissolveu em mim como o açúcar se dissolve no café. O tempo parecia ter parado. Aquele momento era só meu. Aquele café que eu bebia todo dia era tão novo para mim como se fosse a primeira vez que eu o provava. Sentia como se estivesse andando nas nuvens.

Empurrei a porta da cafeteria e abri meu guarda-chuva apenas com uma mão enquanto sentia o calor do café na outra ao começar a caminhar. Meu coração pairava e meus passos estavam leves até naquela rua enlameada. Os pingos que caíam em meu guarda-chuva poderiam estar tocando "Singin' in the rain". Eu queria dançar com meu guarda-chuva como Gene Kelly.

Cheguei ao trabalho. Em uma manhã de segunda-feira típica, isso seria sufocante. Mas eu estava orgulhosa de mim mesma segurando o café que era prova de meu *Usufruir*. Fui para o escritório e cumprimentei meus colegas. "Bom dia!" Eles responderam: "Aconteceu alguma coisa boa? Você parece feliz de verdade". Todos os meus colegas sorriram radiantes ao me ver. Parecia que todos tinham bebido um elixir que os fez gostar de mim.

Fui para minha cadeira, assoviando sem fazer som, e quando abri minha caixa de entrada encontrei um e-mail de um endereço conhecido. Na hora, meu coração começou a pular. Eu tinha entrado em contato com a guru para pedir que nos encontrássemos de novo. Sabia perfeitamente bem que não podia incitá-la a me encontrar. Agora sua resposta tinha chegado. Ela sugeriu que nos encontrássemos em Paris em algumas semanas e prometeu mandar uma passagem de avião. Um entusiasmo de felicidade correu por mim. Parecia que algum tipo de mágica já tinha começado a operar.

15. Comprar sapatos com *Usufruir*

Algumas semanas se passaram. Depois de meu começo alegre com o *Usufruir*, continuei praticando. Quando pensava nas palavras de Suh Yoon, minha energia parecia se recarregar. Na verdade, *Usufruir* não era nada difícil. Eu só tinha que sentir emoção ao gastar dinheiro. Não precisava de nenhum equipamento especial nem pagar nada a mais por isso. Tentei sentir o prazer daquilo que eu tinha quando escolhia vegetais orgânicos, comia em um restaurante italiano com a minha família e escolhia um hidratante para o corpo com um cheiro delicioso.

Usufruir não levava muito tempo, mas meus sentimentos sobre dinheiro gradualmente mudaram. A alegria de *Usufruir* tinha um efeito que reverberava por toda a minha vida. Antes, quando eu gastava alguns dólares, pensava: *Talvez eu possa comprar isso mais barato em outro lugar* ou *Eu já tenho algo parecido em casa, é desperdício comprar de novo*. Eu sempre me sentia culpada em relação a gastar dinheiro. Consumir não me deixava feliz. Mas agora era diferente. Ao *Usufruir*, eu dizia a mim mesma: *Quando gasto dinheiro assim, estou investindo no meu futuro do modo que uma pessoa rica faz* ou *Tenho dinheiro para ser feliz. Sou tão grata*. Eu me sentia diferente quando recebia meu salário também. Antes, eu não ficava nem um pouco empolgada quando recebia meu contracheque. Mentalmente deduzia o que sobraria depois do aluguel, das mensalidades escolares, do pagamento de juros... e me sentia desanimada por quão pouco eu parecia estar ganhando. Quando minha conta ficava vazia depois de alguns dias, eu me deprimia. Mas, agora, tentava viver no momento. *Sim, eu recebi meu salário! Tenho a capacidade de gastar esse dinheiro. Posso pagar a casa onde minha família mora, a educação do meu filho, a comida que comemos. Vou tentar sentir essa felicidade.*

O dia em que Suh Yoon e eu tínhamos prometido nos encontrar se aproximava. Eu estava animada para ir a Paris. Certa manhã, abri meu e-mail e me deparei com a passagem de avião que ela tinha mandado. Mas alguma coisa a respeito do número do meu assento parecia esquisita. Um pouco de pesquisa me mostrou que ela tinha feito a reserva na classe executiva! A guru tinha me dado esse presente maravilhoso em agradecimento por eu ter lhe dado meu tempo. Eu estava à beira das lágrimas de emoção.

Mas também havia momentos de crise durante minhas práticas do *Usufruir*.

Um dia, ao voltar tarde para casa, uma declaração de imposto esperava por mim sobre a mesa da cozinha. Eu enrolei um pouco assistindo à televisão, com medo de abrir o envelope. Assisti a um talk show e tentei não pensar na declaração em cima da mesa, mas ela me incomodava como um pedaço de carne preso no dente. Respirei fundo e abri o envelope. Fiquei tonta quando vi os números na declaração. Eu tinha deixado passar completamente esse imposto a ser pago, e agora havia uma taxa de atraso adicionada ao valor original que eu devia. Engoli e meu peito ficou tenso. "Tenho que pagar milhares de dólares. Isso vai me custar muito dinheiro." Tipicamente, eu teria pegado minha calculadora e dado um jeito de reconfigurar o orçamento familiar para quitar essa dívida. Deitada na cama, não conseguiria dormir por causa da ansiedade.

Respirei fundo e disse para mim mesma: *Espere! Fique calma. Você ainda pode praticar o Usufruir*. Fechei os olhos por um momento e respirei devagar, me lembrando do rosto e da voz de Suh Yoon. Seu sorriso magnético e os olhos confiantes pareciam estar bem na minha frente.

O Usufruir começa quando você consegue se concentrar na ideia de que 'Agora, neste momento, eu tenho dinheiro', mesmo se você tenha apenas um dólar.

Sua voz ecoou em meus ouvidos. Minha mente ansiosa se assentou devagar. *Estou bem. Suh Yoon está me guiando. Neste momento, eu tenho dinheiro.* Abri uma janela no computador e verifiquei quanto dinheiro eu tinha em minha conta. Havia economias suficientes para uma viagem nas férias de verão. Eu me senti forte novamente. Falei alto para mim mesma: "Mesmo depois que pagar esses impostos, vou ter um pouco de dinheiro sobrando. Essa afirmação é prova de que tenho dinheiro". Então relaxei. Olhei mais uma vez para a declaração, e os números não me pareciam mais tão assustadores quanto antes. Minha mente estava tranquila. Fiz o cheque na hora, depois voltei confortavelmente para a cama e caí num sono profundo.

Outra crise aconteceu em uma loja de departamentos. Um par de sandálias cor de safira decorado com belas correntes em uma vitrine de uma marca famosa chamou minha atenção. Corri para dentro da loja como se tivesse sido puxada por um ímã. A sandália custava 600 dólares, três vezes mais do que os sapatos que eu costumava comprar. Gelei. Bem nessa hora, a funcionária se aproximou. "É a mesma sandália que uma atriz famosa usou. Vendemos todas, este é o último par." Por que é que *atriz* e *último* são palavras tão empolgantes? Enquanto experimentava a sandália e considerava a compra, meu coração disparava com a sensação como a de estar colando da prova de alguém. Pensei: *A guru disse que vou ficar rica se comprar com alegria. Tudo bem se é um pouco caro. Vou ganhar dinheiro suficiente para comprar esta sandália.*

A vendedora viu que eu hesitava. Sentindo a pressão, segui para o caixa. Mas eu sabia que não estava me sentindo confortável. Era como se estivesse fazendo alguma coisa errada. Meu corpo inteiro estava tenso. Em vez de me sentir feliz por ter dinheiro, fui tomada por um pensamento desconfortável de que aquela sandália era cara demais. Bem quando estava prestes a sacar meu cartão, me lembrei do que Suh Yoon tinha dito. Eu me lembrei de seu olhar firme.

Esbanjar não é Usufruir. Encontre o que você realmente quer.

Não vou comprar isso sem pensar no amanhã. Isso é *esbanjar*. Eu caí em mim. Meu desejo de comprar a sandália não tinha me deixado nem um pouco feliz. Pelo contrário, eu só estava nervosa. Só serviria para eu me arrepender desse gasto excessivo mais tarde. Coloquei meu cartão de volta na carteira e fui embora da loja de departamentos de mãos vazias. Eu estava satisfeita por ter praticado o *Usufruir* daquele jeito mesmo quando isso significava não comprar alguma coisa. Meu desconforto desapareceu completamente e como consequência meu corpo inteiro pareceu mais leve. *Ah, estou muito feliz por não ter comprado a sandália! Eu ia me sentir péssima se tivesse comprado.*

Mais uma oportunidade de aplicar o *Usufruir* se apresentou pouco depois. Foi no aeroporto, a caminho de Paris. Uma rasteirinha preta com lacinhos estava alinhada na vitrine de uma marca famosa no *free shop*. O modelo combinaria bem com qualquer roupa. Eu adorei. Além disso, elas estavam com 30% de desconto, por cerca de 300 dólares. Experimentei e dei uma olhada no espelho para ver como eu estava – e amei o que vi. Ao abrir a minha carteira, meu coração estava cheio de alegria. Entreguei meu cartão contente e paguei a sandália. Assinando o recibo, sentia que ele era prova de que eu tinha dinheiro para investir no futuro que eu antevia e sorri.

Se isso tivesse acontecido antes de eu ter aprendido sobre o *Usufruir*, eu não teria me sentido tão feliz com essa compra. Sempre me sentia culpada por gastar dinheiro com qualquer coisa de que não precisasse muito. Provavelmente teria comprado de qualquer maneira, mas com muita preocupação de que se tratava de uma compra tola por impulso. Com o *Usufruir*, não me sentia ansiosa ou desconfortável com a minha decisão.

Era completamente diferente de como me senti quando saí da loja de departamentos sem a sandália safira. Daquela vez eu tinha me sentido tensa e minha cabeça doía, mas agora era o oposto. Minha mente estava tranquila e cheia de contentamento. Eu estava renovada e revigorada por saber o que de fato queria.

"Senhoras e senhores, nosso voo está quase pronto para a decolagem." Quando ouvi o anúncio, fechei os olhos antecipando o assento amplo da classe executiva que me esperava. Eu senti que estava derretendo na cadeira. É assim que uma pessoa rica de verdade se sente.

16. A palavra-chave

Eu estava em pé no saguão de um hotel parisiense com mais de 100 anos de história e esperava por Suh Yoon. O local era decorado com mobília europeia antiga, um tapete cor de vinho e um lustre elegante. Diferentemente da última vez, não estava intimidada com a elegância desse hotel. As sandálias pretas que eu usava me agradavam. Eu olhava para a frente e para as laterais dos meus pés e continuava sorrindo.

Então ouvi uma voz familiar. "Você parece bem satisfeita."

Eu estava radiante de contentamento e me virei. Suh Yoon sorria de forma adorável e vestia uma blusa creme de manga comprida com uma leve transparência. Sua saia de estampa floral se avolumava como uma cauda de sereia ao redor dos joelhos. Sua maquiagem combinava cor-de-rosa e coral. Ela estava absolutamente charmosa.

"Ah, dinheiro é tão maravilhoso", exclamei, em vez de dizer "olá". Quando me ouvi, pareceu rude, mas ela só riu. Suh Yoon concordou com entusiasmo e animação. "Senhora Hong, você começou a *Usufruir*!"

Finalmente perguntei como ela estava e nós subimos. Um elevador de ferro, do tipo que se vê em filmes, nos levou para cima, rangendo e sacudindo. O barulho me assustou e me encolhi um pouco. Eu devia estar parecendo cômica, e Suh Yoon e eu rimos. Era tão agradável quanto voltar a ver uma velha amiga.

Entramos em sua suíte cuja janela tinha vista para a Torre Eiffel. O quarto da suíte tinha uma decoração discreta. Escolhi me sentar no sofá moderno em tom de bege em vez de em uma das poltronas de veludo vermelho com descanso para os braços. Ela se sentou no sofá à minha frente.

Eu não podia mais me segurar e comecei a contar para ela sobre todas as minhas experiências com o *Usufruir*. Contei a ela sobre o dia no café, quando decidi praticar o *Usufruir*, sobre minha pequena crise quando recebi minha declaração de imposto e sobre a compra da sandália no aeroporto. Suh Yoon às vezes sorria ao ouvir e às vezes assentia, às vezes relaxava confortavelmente no sofá e bebericava seu café. Eu podia perceber que ela estava inteiramente do meu lado. Eu me senti um pouco tonta ao contar minhas aventuras.

"Acho que meus sentimentos mudaram à medida que continuei a praticar o *Usufruir*. Antes disso, sempre sentia que não havia o bastante, mesmo quando recebia meu salário, e ficava culpada sempre que gastava dinheiro. Agora fico cheia de contentamento quando faço uma compra, por menor que seja. Por que eu nunca me dei conta de que o dinheiro poderia me trazer todo esse contentamento? Quero saber mais sobre o segredo do *Usufruir*. Por que ele me traz mais dinheiro?"

Suh Yoon inclinou a cabeça e levou a mão ao pescoço. Ela parecia estar considerando qual era a melhor maneira de explicar para que eu pudesse entender. Apenas alguns poucos segundos passaram antes que ela encontrasse meu olhar de novo. Os olhos dela brilhavam como diamantes.

"Senhora Hong, vamos colocá-la contra um robô. Imagine que vocês dois estão indo às compras. Você procura na internet, decide o que quer comprar e efetiva sua compra. Agora, quem chega mais perto de ficar rico durante esse processo: você ou o robô?"

"Hã, você quer dizer qual de nós, eu ou ele, fica mais rico apenas ao comprar alguma coisa?"

"Certo, você entendeu."

Eu tinha assistido a alguém jogar xadrez contra um robô na televisão havia algum tempo. Todos esperavam que o jogador profissional tivesse uma vitória decisiva. Mas os resultados foram exatamente o contrário. O robô podia analisar de forma instantânea os movimentos para várias situações e calcular alguns movimentos à frente. Por outro lado, a pessoa estava ansiosa e inquieta e por isso cometia erros frequentes. O robô teve uma vitória decisiva naquela série de partidas. A imprensa costuma noticiar que muitos empregos serão perdidos para robôs no futuro e que a maioria das pessoas vai ficar pobre. São notícias deprimentes e apavorantes.

Eu disse: "Acho que o robô vai ficar mais rico. Ele pode revisar quanto dinheiro tem, examinar aquilo de que precisa e depois comprar pelo melhor preço. Pode avaliar qual compra provavelmente será valorizada depois. Os robôs podem fazer compras eficientes e racionais. Pessoas, por outro lado, são impulsivas e cheias de emoções. Elas não conseguem fazer julgamentos perfeitos."

Ela respondeu em uma voz clara e ressoante: "Você encontrou a palavra-chave".

Senti que não tinha respondido corretamente e disse, intrigada: "Qual? Compras eficientes? Melhor escolha?".

"Não. Emoção."

"O quê? Mas não é difícil para as pessoas tomarem decisões perfeitas, já que estão presas em emoções?"

Ela me lançou um olhar suave e balançou sua cabeça devagar, com os lábios tensionados.

"A maioria das pessoas não sabe disso, mas as emoções são energias valiosas que podem mudar a realidade. Essa energia emocional está conectada à força da vida, então os robôs não podem imitá-la – na verdade, não podem tê-la de forma alguma. Se você a usar bem, ela pode ser uma fonte de riqueza."

Eu não conseguia acreditar no que ouvia. As emoções podiam tornar as pessoas mais ricas do que os robôs. Pedi para ela confirmar. "É verdade?"

Suh Yoon arregalou os olhos, ergueu um pouco as sobrancelhas.

"Sim. A chave para mudar suas circunstâncias é a emoção, não o pensamento. Cultivamos uma fé cega na razão, à medida que a tecnologia tem se desenvolvido, mas o segredo que vai pavimentar o caminho para um futuro melhor sem se tornar um mero componente de uma sociedade dominada pela razão são os sentimentos. Criar riqueza com os seus sentimentos – isso é o *Usufruir*."

#CITAÇÕES DA GURU

"As emoções são energias valiosas que podem mudar a realidade. Essa energia emocional está conectada à força da vida, então os robôs não podem imitá-la – na verdade, não podem tê-la de forma alguma. Se você a usar bem, ela pode ser uma fonte de riqueza para você."

"A chave para mudar suas circunstâncias é a emoção, não o pensamento. Cultivamos uma fé cega na razão, à medida que a tecnologia tem se desenvolvido, mas o segredo que vai pavimentar o caminho para um futuro melhor sem se tornar um mero componente de uma sociedade dominada pela razão são os sentimentos. Criar riqueza com os seus sentimentos – isso é o *Usufruir*."

ESTUDO DE CASO
Encher o copo

Um homem que tinha mais de 100 milhões de dólares em imóveis procurou Suh Yoon. Ele tinha nascido pobre, mas administrava um negócio e investia em imóveis. Diziam que era dono de tanta terra que era impossível passar por sua cidade natal sem colocar os pés em propriedades suas. Ele tinha confessado suas preocupações ao se encontrar com Suh Yoon. "Quero me desfazer de terras que tenho em minha cidade natal, mas não está sendo fácil vender. Fico tão transtornado que estou tendo problemas para comer esses dias. Tenho mesmo que vender mais barato, a preço de banana?"

Suh Yoon respondeu: "Uma grande oportunidade está chegando para você".

O homem estava pasmo com o que a guru tinha dito. "Espere, está dizendo que essa loucura por minhas terras não estarem vendendo é uma boa oportunidade? Por favor, explique..."

A guru falou tranquila, mas de maneira firme, para o homem impaciente. "Você agora tem a chance de usar 100% de seu copo. Parabéns."

A cor começou a voltar para o rosto daquele homem rico. Ele perguntou com urgência: "O que preciso fazer?".

"Você vai ter a chance de ganhar muito mais dinheiro se não vender suas terras durante os próximos seis meses. Deve esperar pelo menos seis meses para vender. Então vai conseguir 1,5 vezes mais dinheiro do que está esperando agora."

"Sim, vou esperar seis meses."

"O fluxo de dinheiro costuma ficar um pouco obstruído antes de muito dinheiro entrar, assim como o gargalo que acontece quando o trânsito fica congestionado antes da entrada em um túnel estreito. É fácil se sentir aprisionado. Mas se gastar seu tempo bem, vai conseguir muito mais dinheiro uma vez que passar pelo gargalo. Se praticar o *Usufruir* diligentemente durante esse tempo, seu copo vai transbordar, do contrário, vai lutar para enchê-lo até a metade."

Depois de 1 ano, o homem voltou com um sorriso radiante. "Senhora Lee, não sei como agradecer! Foi anunciado que vai haver empreendimentos na área ao redor das terras, e os preços dos imóveis dispararam. Graças a você, minhas terras foram vendidas por três vezes mais do que eu esperava."

Suh Yoon sorriu e respondeu: "Parabéns. Esse é o resultado de sintonizar bem sua força interior por meio do *Usufruir*. Você alcançou o sucesso porque não perdeu sua atitude mental durante esses seis meses".

17. Emoções

Agora a guru tinha aberto uma nova porta. Dissera que as emoções eram a chave para ser rico. A força motriz para a riqueza está em nossos corações – não depende de uma herança de nossos pais, uma mente de gênio, uma ótima ideia ou habilidades técnicas incríveis. Esse destino elusivo que eu vinha tentando alcançar não era tão distante, afinal. Apenas a ideia fazia meu coração disparar. Eu continuava fazendo perguntas. "Mas de que emoções você está falando?"

Suh Yoon envolveu os dedos ao redor da xícara de café e tomou um gole, me encarando gentilmente com seus olhos castanhos. Ela falou quase sussurrando.

"As emoções que agora lhe chegam com mais naturalidade."

Na hora meu coração parou. Fazia um tempo que ninguém me pedia para sentir alguma coisa. Eu sempre tinha considerado as emoções como uma extravagância. Nesse mundo selvagem, deixar suas emoções à mostra significava perder para os outros. Você tinha que trabalhar todos os dias, ganhar dinheiro e competir. Eu gradualmente embotei minhas emoções e me tornei mais robótica. Quando meu pai morreu, aquela versão emocional de mim me parecia de algum modo estranha. Eu não chorei logo de cara, mesmo com toda a dor no meu coração.

Eu disse para Suh Yoon: "Até agora, sempre pensei que tinha que reprimir minhas emoções. Mas acho que estava errada em acreditar nisso...".

Ela respondeu de forma reconfortante: "Nesta era, há batalhas ferozes por sobrevivência todo dia. Você sofre uma lavagem cerebral para pensar que apenas a razão permite que você viva neste mundo, então usa uma máscara para que suas emoções não transpareçam. Mas a chave para fugir de sua situação atual e alcançar um lugar mais alto são na verdade as emoções que existem dentro de você. As emoções são a resposta. As emoções são a energia que o universo lhe dá".

Eu me aproximei da mesa e perguntei: "Nunca pensei no poder das emoções dessa maneira. Estou curiosa. Qual é o princípio por trás disso?".

Suh Yoon sorriu como se estivesse esperando a pergunta. Ela se recostou na cadeira e cruzou as pernas. O babado de sua saia florida parecia dançar enquanto ela se movia.

"Tenho certeza de que já ouviu falar de física quântica."

De acordo com o que descobri quando pesquisei mais tarde, alguns físicos quânticos acreditam que a matéria não é sólida. A matéria existe em ondas ou partículas, e elas não são herdadas, mas baseadas em probabilidades em cada cenário. A forma que a matéria vai tomar não é imutável. Nós, os observadores, somos aquilo que determina a localização e a forma da matéria. Em outras palavras, nossas percepções moldam a matéria ao nosso redor. Nós podemos moldar o mundo em que vivemos dependendo daquilo que decidimos fazer.

Na hora, no entanto, eu não tinha certeza de qual era a conexão. Eu disse com bastante honestidade: "Hum... Não tenho muita certeza do que você está falando".

Suh Yoon ouviu e pegou um copo da mesa. Era transparente e estava cheio até mais ou menos a metade com água, e ela o segurou delicadamente com os dedos esguios.

"Senhora Hong, este copo de água existe de verdade aqui?"

"O copo parece que está aí...", respondi sem confiança, com uma voz fraca.

A guru sorriu de modo encorajador e explicou. "Do ponto de vista da física tradicional, você e o copo existem de modo independente. Vocês não afetam um ao outro. Mas, do ponto de vista da dinâmica quântica, a localização do copo tem muito a ver com você. O copo só existe ali porque você percebe que ele existe. A localização de toda matéria é devido à distribuição de probabilidade que ela existirá naquele lugar."

"Ah... Se ela muda dependendo da minha percepção, então isso também significa que posso mudar a matéria dependendo daquilo que percebo?"

Suh Yoon abriu seu sorriso de ouro ao dizer que eu tinha entendido corretamente. Então pegou um cookie da mesa. Era um cookie com lascas de chocolate e fatias finas de amêndoas. Ela perguntou com delicadeza: "Você já fez cookies, sra. Hong?".

Eu apanhei o cookie. Seu aroma era doce, não fazia muito tempo que tinha sido assado, porque ainda estava macio. "Sim, adoro. Com minha agenda de trabalho, não tenho muito tempo para ficar com meu filho, mas nós costumamos fazer massa de cookies nos fins de semana. Não tem nada melhor do que assistir aos cookies dourarem no forno."

Ela respondeu: "Se imagine assando cookies agora. Sinta a massa vividamente em suas mãos".

Fechei os olhos. Imaginei eu mesma e as mãos pequenas do meu filho apertando a massa macia. Nós moldamos a massa em círculos ou corações, nos divertindo e brincando. Ouvi a risada do meu filho ecoar nos meus ouvidos e fiquei animada.

Quando abri os olhos, Suh Yoon estava sorrindo, como se sentisse minhas emoções junto comigo. Ela começou a falar de novo em um tom que parecia o de um maestro de uma orquestra.

"Nosso futuro é como a massa do cookie. Possibilidades diferentes existem nele. A energia que observamos, percebemos e sentimos em nossas emoções é o que molda a massa. E quando aquela massa toda está assada, ela se torna a realidade na nossa frente. O formato em que os cookies são moldados e assados dependem das nossas mãos."

"Ah! Acho que estou entendendo. *Usufruir* é exatamente aquela emoção. A felicidade por ter dinheiro agora mesmo! Você quer dizer que o *Usufruir* cria um mundo onde eu tenho dinheiro?"

"É isso. Você muda o mundo ao seu redor. Você é um ser com energia para criar o futuro. Mas precisa se acostumar a exercer adequadamente suas emoções."

Temos de lembrar que o que observamos não é a natureza em si, mas a natureza exposta a nosso método de contestar.
WERNER HEISENBERG

Alguns anos atrás, a câmara municipal de Monza, na Itália, proibiu donos de animais domésticos de criarem peixes-dourados em tigelas abaloadas. O defensor da medida a explicou em parte dizendo que era cruel manter um peixe em uma tigela com as laterais curvadas porque, ao olhar para fora, o peixe teria uma visão distorcida da realidade. Mas como sabemos que a imagem que temos da realidade é verdadeira e não distorcida? Será que nós também não estamos dentro de algum aquário abaloado e nossa visão é distorcida por uma lente enorme?
STEPHEN HAWKING, O grande projeto

#CITAÇÕES DA GURU

"A chave para fugir de sua situação atual e alcançar um lugar mais alto são na verdade as emoções que existem dentro de você."

"As emoções são a resposta. As emoções são a energia que o universo lhe dá."

"Nosso futuro é como a massa do cookie. Possibilidades diferentes existem nele. A energia que observamos, percebemos e sentimos em nossas emoções é o que molda a massa. E quando aquela massa toda está assada, ela se torna a realidade na nossa frente. O formato em que os cookies são moldados e assados dependem das nossas mãos."

"Você muda o mundo ao seu redor. Você é um ser com energia para criar o futuro."

ESTUDO DE CASO
Reviravolta

Um jovem homem de negócios ganhou muito dinheiro quando tinha perto de 30 anos, por meio de direitos exclusivos de importação de uma marca estrangeira de roupas. Ele expandiu seus negócios com segurança para uma cadeia de restaurantes. Mas as coisas não foram tão bem quanto ele esperava. Ele tinha investido milhões de dólares em seu novo negócio, mas não tinha recebido nenhum lucro mesmo depois de 1 ano. Estava estressado e tinha pesadelos em que seu dinheiro voava para longe dele. O empresário procurou a guru para uma resposta.

Suh Yoon lhe perguntou: "Quanto dinheiro você costuma levar na carteira?".

"Vinte dólares e um cartão de crédito."

O homem explicou que quando era criança ele carregava muito dinheiro e foi furtado durante uma tarefa que precisava realizar. Fora severamente repreendido por sua mãe e passou a ter medo de sair com dinheiro. "Tenho medo de que alguém leve meu dinheiro, então não ando com muito e estou sempre preocupado e conferindo onde está minha carteira".

Suh Yoon o aconselhou amigavelmente: "Coloque 10 mil dólares em sua carteira e leve com você por um mês".

O homem ficou embasbacado. "O quê? Você quer que eu ande com todo esse dinheiro? Não consigo nem imaginar isso!"

"Se achar que é demais, comece com mil dólares. Aumente o valor que leva pouco a pouco. Então as emoções que você tem em relação ao dinheiro vão mudar."

O homem achou o conselho de Suh Yoon estranho a princípio, mas confiou nela. Começou levando mil dólares na carteira. Ele ficava nervoso com a possibilidade de perder o dinheiro e conferia a carteira várias vezes por dia. Mas, à medida que os dias passavam, passou a lentamente se sentir mais confortável com aquele dinheiro. Aos poucos foi colocando mais. Quando o mês acabou, o homem já levava 10 mil dólares na carteira.

À medida que se sentia mais confortável carregando uma grande soma, seus sentimentos a respeito do dinheiro também mudaram. Uma vez que colocou o conselho da guru em prática, sua ansiedade sobre perder dinheiro desapareceu e ele encontrou conforto em saber que tinha dinheiro. Com suas emoções mudando, ele se concentrou no que tinha e começou a enxergar novas oportunidades de negócios, antes invisíveis.

Ele disse: "À medida que me acostumei com o sentimento de *Usufruir* do dinheiro, parei de ter medo. Na verdade, eu estava feliz por ter tanto no meu bolso".

Essas mudanças do homem nas emoções relacionadas ao dinheiro também lhe trouxeram dinheiro, na realidade. Dois meses depois, as vendas da empresa com a qual ele vinha tendo problemas começaram a aumentar. Seus lucros também dispararam. Pouco tempo depois disso, seu negócio estava finalmente no azul. Os lucros de seu primeiro mês rentável foram de exatamente 10 mil dólares.

18. Sinais do *Usufruir*

Eu posso mudar o mundo diante de mim! E posso fazer isso apenas com as minhas emoções. Enquanto eu revirava essa ideia na minha cabeça, ela não parecia tão estranha.

Nós temos essas experiências de tempos em tempos no cotidiano sem realmente pensar nelas. Eu me lembrei de um colega que durante um encontro de burocratas, professores universitários e CEOs compartilhou a seguinte experiência: "Há duas semanas um carro bateu de leve na traseira do meu enquanto esperávamos o sinal ficar verde. O para-choque ficou um pouco arranhado, mas nada grave. A jovem que tinha causado o acidente ficou surpresa quando falei que ela podia apenas ir embora. Ela me agradeceu ao seguir e eu me senti bem a respeito por um tempo". Todas as pessoas no encontro ouviam com interesse. Ele continuou: "Então, uma semana depois, enquanto eu dava ré para entrar em uma vaga no estacionamento de uma loja de departamentos, bati num sedan de luxo atrás de mim. O dono esfregou várias vezes com a mão o para-choque em que eu tinha batido e disse que estava tudo bem. Então percebi que o mundo tinha devolvido a minha consideração para mim".

Os exemplos faziam sentido para mim depois da explicação de Suh Yoon. Aquele homem tinha usado suas emoções para mudar o seu mundo.

Eu já tive uma experiência parecida. Recentemente, percebi que quantias pequenas de dinheiro tinham começado a entrar. Uma amiga me pagou um dinheiro que eu tinha lhe emprestado havia muito tempo – algumas centenas de dólares – e um subsídio de viagem que apareceu atrasado em minha conta. Eu até achei algumas centenas de dólares guardados ao limpar minhas gavetas. Tinha me esquecido completamente daquele dinheiro, que havia guardado depois de voltar de uma viagem para o exterior alguns anos antes.

Depois do que Suh Yoon disse, percebi que esses incidentes não tinham acontecido por acaso. Em geral não sobrava muita coisa na minha conta-corrente antes disso, porque eu queria limitar ativamente meus gastos. Eu costumava transferir todo o meu dinheiro para minhas poupanças e fundos de aposentadoria. Mas, logo antes de esses diversos pagamentos entrarem, eu tinha colocado dezenas de milhares de dólares em minha conta para pagar empréstimos estudantis, então havia muito dinheiro na minha conta. Embora aquele dinheiro estivesse ali por uma razão, sempre que olhava meu saldo e via aquele número impressionante sentia um pequeno entusiasmo. Pensando nisso agora, aposto que aqueles sentimentos me trouxeram mais dinheiro.

Quando voltei para minha conversa com Suh Yoon, ela tinha descansado seu café na mesa e dobrado as mãos olhando para mim. Previ que ela tinha algo importante a dizer.

"Eu acho que é hora de você aprender sobre os sinais do *Usufruir*."

"Sinais?", perguntei, de olhos arregalados.

"Sim. Você atravessa a rua quando o sinal está verde e espera quando está vermelho, certo? O mesmo acontece com os sinais do *Usufruir*. Você pode dizer se está ou não *Usufruindo* quando gasta. Use os sinais do *Usufruir*. Um sinal verde significa gastar, e um sinal vermelho significa parar o que está fazendo."

"Como eu sei de que cor o sinal é?" Pensei em minhas experiências ao praticar o *Usufruir*, me lembrando das vezes em que estava confusa sobre estar ou não tomando a decisão certa; não ficava sempre claro, como no caso das sandálias safira e preta.

"Você usou os sinais do *Usufruir*. Você me contou sobre sua experiência na loja de departamentos ao não comprar aquela sandália. Vamos refletir sobre isso. Como se sentiu quando estava prestes a comprar a sandália?"

Eu respondi: "Inquieta. E eu estava tensa, como se alguém me puxasse para trás. Alguma coisa parecia esquisita, então deixei as sandálias para trás e saí de mãos vazias".

"Exatamente. Os sinais do *Usufruir*! O sinal vermelho estava aceso, dizendo para você parar. Você já observou apostadores?"

"Já os vi quando passava pelo cassino do hotel. Estão sempre com o cenho franzido e fumando."

"Algum deles parece confortável e relaxado?"

Balancei a cabeça rapidamente. "Não. Muito pelo contrário. O rosto deles é soturno, e os ombros, curvados de preocupação."

Suh Yoon bateu palmas animada. "Certo. Isso é preocupação e desconforto. Se você agir contrariamente à sua voz interior, é claro que sua mente e seu corpo vão estar desconfortáveis. Quando seu corpo e sua mente enviam esses sinais, de que cor você acha que seu sinal do *Usufruir* está?"

"Deve ser vermelho", respondi. Um sinal vermelho significa incômodo e desconforto, ansiedade e preocupação.

Fiz outra pergunta. "Então como é quando o sinal está verde?"

"Quando o sinal está verde, o sentimento é de naturalidade e conforto. Pense em quão natural é fazer o que você realmente quer. É claro como água cristalina."

Pensei em como me senti ao comprar a sandália preta no aeroporto. Meu corpo inteiro parecia revigorado, relaxado e despreocupado. Minhas mãos e meus pés estavam quentes. Meu corpo já sabia a resposta; ela combinava com a facilidade com que Suh Yoon se portava. Abaixei a cabeça e olhei para meus pés dentro das sandálias que estava usando. Seus laços pretos brilhavam. Eu me senti cheia de alegria de novo. Como uma melodia que se prolongava, o fluxo do *Usufruir* continuava me animando. "Acho que consigo discernir os sinais. Definitivamente havia um sinal verde quando comprei este sapato. Eu me senti feliz em relação a ele. Meu corpo e minha mente sabiam a resposta."

Suh Yoon fez um v de vitória, então os levou diante do olho direito. Eu a imitei e perguntei: "O que é isso?".

"Faça esse gesto quando usar os sinais do *Usufruir*. A energia em seu corpo flui de sua testa para seu nariz e sua boca, e então para o centro de seu corpo. Sinta o dinheiro fluindo por entre esses dedos, de sua cabeça para os dedos dos seus pés. Já ensinei esse gesto para pessoas poderosas, e elas disseram que ele ajuda a discernir os sinais."

"Um gesto de *Usufruir*", eu disse, entendendo. Nossa conversa do dia já se encerrava. Com as pernas cruzadas, Suh Yoon pousou as mãos nos joelhos e explicou calorosamente: "*Usufruir* permite que você desfrute do que realmente quer, o quanto quiser. Quando você ouve sua voz interior, se sente mais natural e confortável. Mas nem sempre consegue ouvir bem aquela voz interior por causa do ruído estático do mundo ao redor".

Ela continuou. "Sua voz interior lhe dá os sinais do *Usufruir*. Você mesma já sabe a resposta. Pode não estar acostumada com ela a princípio. Mas com o *Usufruir* sua atenção está constantemente em sua voz interior, então aquela pequena quantidade de conforto e receptividade em sua mente cresce à medida que seus sentimentos ficam mais claros."

Eu acreditava de verdade que podia fazer isso. Não conseguia me lembrar da última vez que alguém tinha inspirado um sentimento tão grande de confiança em mim. Respondi de todo o coração: "Sim! Vou usar os sinais do *Usufruir* para desenvolver meus sentimentos! Não parece assim tão difícil".

#CITAÇÕES DA GURU

"Use os sinais do *Usufruir*. Um sinal verde significa gastar, e um sinal vermelho significa parar o que está fazendo."

"Se você agir contrariamente à sua voz interior, é claro que sua mente e seu corpo vão estar desconfortáveis."

"Um sinal vermelho significa incômodo e desconforto, ansiedade e preocupação."

"Quando o sinal está verde, o sentimento é de naturalidade e conforto. Pense em quão natural é fazer o que você realmente quer. É claro como água cristalina."

"O *Usufruir* permite que você desfrute do que você realmente quer, o quanto quiser. Quando você ouve sua voz interior, se sente mais natural e confortável."

"Sua voz interior lhe dá os sinais do *Usufruir*. Você mesma já sabe a resposta."

"Com o *Usufruir*, sua atenção está constantemente em sua voz interior, então aquela pequena quantidade de conforto e receptividade em sua mente cresce à medida que seus sentimentos ficam mais claros."

HISTÓRIA DA GURU
Uma tempestade se aproxima

"Suh Yoon, estamos com um grande problema. Os credores estão virando a casa de cabeça para baixo. O que devemos fazer?"

Eles estão finalmente aqui, pensou Suh Yoon ao ouvir o que sua irmã mais nova dizia chorando. O negócio do pai delas tinha falido por causa da crise financeira asiática. Na época, Suh Yoon estava no primeiro ano da universidade. Os credores tinham chegado em sua casa e gritado que estavam procurando seu pai. Todos os móveis tinham etiquetas aplicadas, que indicavam que seriam confiscados. Na verdade, Suh Yoon já sabia que isso aconteceria.

"Pai, daqui a 2 anos vai acontecer uma crise nos negócios. É melhor você se preparar para enfrentá-la." Suh Yoon havia alertado seu pai sobre a crise diversas vezes desde o ensino médio, mas seu pai não lhe dava ouvidos quando isso acontecia. "Isso é ridículo. Nossa pesquisa e nosso desenvolvimento estão a toda e os negócios estão indo muito bem. Não se preocupe com isso! Apenas se concentre na escola."

Já que seu pai não acreditava nela, não havia nada que Suh Yoon pudesse fazer. Depois da falência, a família toda ficou desesperada em meio àquela sala de estar caótica, mas Suh Yoon estava calma. Sua família estava surpresa com sua tranquilidade. Suh Yoon consolou sua mãe e irmã mais nova agoniadas e manteve seu ânimo.

"É importante manter o controle da sua mente em momentos assim. Então tudo vai se desenrolar sem muita complicação. Logo alguém vai aparecer e seus problemas vão desaparecer, então não se preocupe."

Ventanias não duram a manhã toda. A tempestade não dura o dia todo.
LAO ZI (飄風不終朝驟雨不終日, 老子)

Ela sabia que a fortuna podia aumentar, dependendo das decisões que uma pessoa tomava durante uma crise. Havia oito processos civis envolvendo aquela casa e outros bens como garantia, e os membros de sua família passavam por dificuldades financeiras, mas conseguiam reunir sua coragem, graças a Suh Yoon. Ela escondeu seus sentimentos de todo mundo, até dos amigos próximos, e se devotou à vida universitária.

No ano seguinte, começou a passar pelas mesmas dificuldades que outras pessoas na casa dos 20 anos. Suh Yoon entrou em relacionamentos malfadados mesmo sabendo que lhe causariam dor. Ela foi perseguida por um ex-namorado e traída por uma amiga em quem confiava. Aceitou sugestões que sabia que seriam ruins e aguentou o fracasso. Ela sabia que podia ter evitado essa angústia emocional, mas ela era, afinal, uma pessoa real. Todo dia era difícil. Seu peso caiu para 41 quilos, e as pessoas próximas começaram a se preocupar seriamente com ela.

Mas mesmo nessas situações difíceis ela nunca titubeou em seus estudos mentais. Registrava e refletia sobre como se sentia e como tinha de superar sua dor durante esses momentos. Por meio dessa experiência, ela pôde identificar-se com o sofrimento de pessoas que tinham passado por relacionamentos ruins. Ela pensava com frequência sobre como acalmar a mente de outras pessoas. Essas foram lições valiosas que ela jamais aprenderia em livros.

Muitos anos se passaram e o pai de Suh Yoon conseguiu resolver seus problemas decorrentes da falência. Mais tarde, sua mãe começou a multiplicar as finanças da família também. A saúde de Suh Yoon melhorou. Ela estava mais madura para o *Usufruir* depois de ter passado por essa crise.

Ela já era uma guru completa aos 20 e poucos anos. O mundo entrava em um novo milênio, e uma nova guru estava pronta para conhecê-lo.

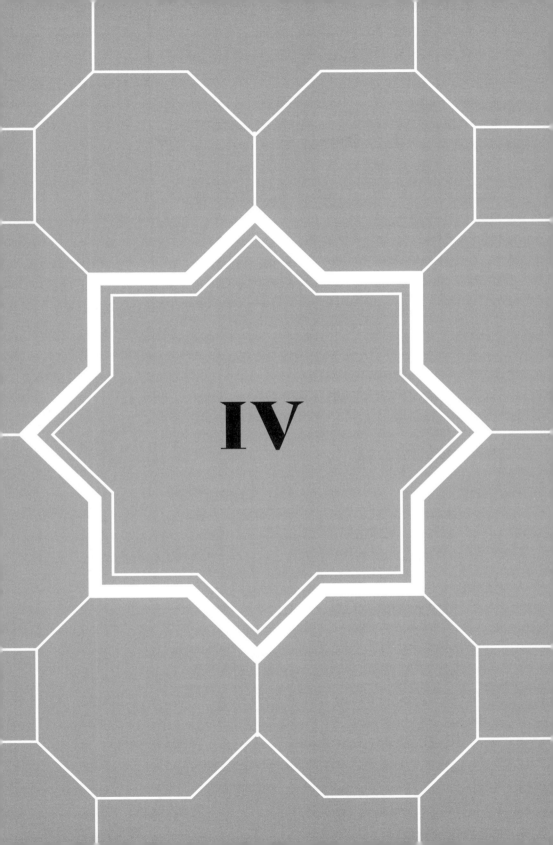

19. Um sinal vermelho

Dei um passeio noturno depois do encontro com Suh Yoon. Fazia bastante tempo que eu queria caminhar ao longo das margens do Sena. Os flashes de câmeras disparavam de um barco cheio de turistas, e a Torre Eiffel brilhava sob a luz das estrelas. Casais aproveitavam momentos românticos em bancos, e os passantes pareciam estar desfrutando de suas caminhadas noturnas. Talvez tenha sido apenas o meu bom humor, mas a cidade inteira parecia linda. Eu queria aproveitar por completo a experiência de estar em Paris naquele momento. Tinha percebido como era importante viver o momento desde que aprendera sobre o *Usufruir*.

Eu pensava em Suh Yoon ao caminhar. As pessoas a descreviam quase como uma personagem de conto de fadas. Diziam que ela tinha *insights* impressionantes e que os ricos se aglomeravam ao seu redor para receber sua orientação. A precocidade de Suh Yoon – estudar clássicos difíceis a partir dos 6 anos e se tornar uma guru perto dos 20 – contribuíam para seu mistério. Depois de a conhecer em pessoa, ficou claro que ela era uma mulher deslumbrante que podia chamar a atenção de qualquer homem. Ela parecia alguém de outro mundo, então imaginei que seria difícil conhecê-la bem.

Depois de um tempo com Suh Yoon, me dei conta de que estivera errada. Ela era mais afetuosa e gentil do que qualquer pessoa que eu já tinha conhecido. Ela considerava meus sentimentos em relação aos assuntos mais triviais e ajudava de todo o coração até pessoas comuns como eu. Muita gente, ao estabelecer relacionamentos, tende a calcular como o outro pode ser útil, e eu tinha pensado nisso também ao conhecer Suh Yoon. Mas nunca senti que era recíproco. Mesmo que eu não tivesse nada para lhe oferecer, era como se ela me considerasse a pessoa mais importante do mundo quando conversávamos.

Eu às vezes me perguntava sobre sua vida pessoal. Se ela tinha alguma razão especial para não ter se casado, que tipo de homem lhe conviria e se ela levava uma vida solitária estudando o mundo. Eu queria lhe perguntar sobre essas coisas mais tarde, quando a conhecesse um pouco melhor.

Bem nesse momento meu celular vibrou para me indicar que um e-mail havia chegado. Ele dizia que uma promoção em um site de compras on-line que eu visitava com frequência estava quase acabando. De repente senti que era melhor usar os sinais do *Usufruir* que tinha aprendido com Suh Yoon. Voltei para o hotel e abri meu notebook.

"Uau! Descontos de 70%, até 80%! Posso comprar quatro ou cinco peças pelo preço que normalmente pagaria por uma. Excelente!"

Algumas roupas que eu já tinha escolhido naquele site estavam em promoção. Cantarolando, enchi meu carrinho de compras.

"Uma blusa marfim, de seda, por 40 dólares... Posso usá-la para trabalhar com uma saia preta. Esse vestido de algodão cinza está por 60 dólares. Seria perfeito para o fim de semana; posso me imaginar levando meu filho para o parque com ele. E posso relaxar à noite usando esse pijama de 30 dólares."

Só de pensar nisso já fiquei feliz. Tentei usar os sinais do *Usufruir* sobre os quais a guru tinha me falado. Abri um espaço entre meu dedo indicador e o do meio diante do meu olho direito. Eu estava cheia de alegria por poder comprar o que queria. A endorfina se espalhava por todo o meu corpo e me enchia de energia. Era obviamente um sinal verde. Repleta dessas emoções, cliquei no botão para pagar. Uma janela de confirmação apareceu e me senti bastante satisfeita.

Bem quando estava prestes a concluir a compra, hesitei por um momento. "Espere! Oportunidades como essa promoção não aparecem sempre. É melhor eu já comprar algumas roupas para o inverno também." Voltei para o site. As roupas de inverno da coleção anterior estavam na promoção com descontos enormes. "Adorei este suéter vermelho... Ah, posso comprar, está barato. Esta camisa branca meio que parece uma que tenho em casa... será que vale a pena comprar agora? São três pelo preço de uma, por que não?"

Eu passei outra meia hora escolhendo roupas, então segui para o pagamento. Mas alguma coisa parecia estranha. Ao contrário da primeira vez, me senti desconfortável, como se alguma coisa estivesse alfinetando minha mente. Eu parei. A promoção acabaria em alguns minutos. Pressionada pelo tempo, cliquei no botão de pagar. "Bem, vai ficar tudo certo. Vou ficar rica por meio do *Usufruir*. E daí se eu comprar isso?"

Eu me vi encarando uma tela que pedia para confirmar minha compra. Mas quanto mais eu olhava para ela, mais sentia que alguma coisa estava esquisita. Eu me sentia de cabelo em pé por causa do meu nervosismo. Verifiquei o sinal do *Usufruir* mais uma vez e me dei conta. "Ah, é vermelho."

Quando dei uma olhada rápida no pedido de novo, consegui distinguir claramente entre os sinais verde e vermelho. Com certeza havia um sinal verde para a blusa marfim de seda, o vestido de algodão cinza e os pijamas que tinha colocado na sacola da primeira vez. Eu ainda me sentia confortável e satisfeita com eles. Mas havia um sinal vermelho para a segunda compra, do suéter vermelho e da camisa branca. Eu me senti enjoada quando os vi, como se fosse vomitar. Havia definitivamente alguma coisa diferente em relação a eles dois.

Sem hesitar, abri o pedido com os dois últimos itens e o cancelei. O peso que estava sobre mim pareceu desaparecer. Conforto e satisfação substituíram a preocupação. Agora que eu tinha experimentado, estava bastante certa de que poderia apontar a diferença entre o sinal verde e o sinal vermelho para o *Usufruir*.

A manhã do dia seguinte raiou. Tomei um café e comi um *croissant* no meu quarto, um pouco mais tarde que o habitual. Quando mordi o *croissant*, a massa crocante esfarelou na minha boca. O aroma rico de manteiga se misturava com o sabor amargo do café. O sol da manhã se ergueu sobre Paris do lado de fora da minha janela. Eu estava *Usufruindo* sem nem me esforçar.

A luz do sol inundava o céu do lado de fora do hotel quando coloquei os óculos escuros e comecei a caminhar. Eu queria contar a Suh Yoon tudo sobre minha experiência com os sinais do *Usufruir* no dia anterior.

Esperei por Suh Yoon no saguão do seu hotel com meu coração pulando de alegria. Mas vinte minutos depois do horário marcado, ainda não havia sinal dela. Liguei para ela do balcão da recepção. O telefone tocou, mas ninguém atendeu. Algo estava errado. Ela não era do tipo que furava um compromisso sem dizer nada. Eu tinha um mau pressentimento a respeito, especialmente quando pensava em como ela sempre parecia frágil. Eu me apressei até a recepção para explicar a situação e acompanhei um funcionário do hotel até o quarto. O empregado bateu na porta, mas não houve um som sequer de dentro.

O empregado abriu a porta do quarto com a sua chave e entrou. Suh Yoon estava deitada no chão usando apenas um roupão branco. Seus braços e suas pernas pareciam ainda mais finos no roupão, e seu cabelo molhado emoldurava o rosto, o pescoço e o peito. Seus cílios pretos estavam bem fechados e seus lábios estavam rosa pálido e levemente abertos.

20. Sentir-se confortável

Corri até ela e a sacudi, chamando seu nome com urgência. Estava pronta para fazer qualquer coisa para ajudá-la. De repente me senti culpada. Eu me repreendi por fazê-la passar horas do lado de fora no dia anterior sem pensar na sua saúde. Quando minha voz começou a se misturar com o choro, Suh Yoon abriu os olhos devagar. Eu estava aliviada de ver suas pupilas. "Você está bem? Sabe quem eu sou?"

Ela voltou os olhos lentamente para mim e assentiu, fraca. Eu a ajudei a ir para a cama. O empregado do hotel perguntou se nós queríamos chamar uma ambulância. Suh Yoon negou devagar com a cabeça. Ela falou com uma voz apenas audível. "Água... por favor."

Suh Yoon tomou um gole da água e se deitou de novo. Eu me perguntei se era melhor levá-la para o hospital, mas decidi que era melhor fazer o que ela queria. De olhos fechados, ela parecia tão delicada quanto um lírio branco. Ela abriu os olhos de novo e reuniu energia para abrir a boca. Parecia que tentava sorrir ligeiramente para me reconfortar. Eu estava comovida e pesarosa. Suh Yoon abriu a boca.

"Estou... bem."

Saí do quarto de Suh Yoon para que ela pudesse descansar um pouco. Nós tínhamos decidido nos encontrar de novo à noite. Quando deixei o hotel, segui em direção ao Louvre. Ao admirar o museu decorado com elegância, suas esculturas gregas e romanas e as obras-primas europeias, meus pensamentos estavam em outro lugar. Eu me senti mal pensando na guru deitada em seu quarto de hotel.

Uma ideia me ocorreu: esse é o peso do destino de ter de ajudar muitas pessoas a enriquecer. Suh Yoon era como um sol brilhante que enviava seus longos raios de energia para mim e com certeza para todas as outras pessoas que ajudava. Aqueles raios recarregavam meu corpo e minha mente, e a esperança inflava meu peito. Mas ao me dar aquela esperança ela dividiu sua própria energia comigo. Eu me senti responsável, grata e pesarosa. Eu me perguntava se o fardo em seus ombros era pesado demais. Queria retribuir de alguma forma.

Quando a noite chegou, fui para o restaurante do hotel onde ela estava hospedada. Ela apareceu pouco depois, com um sorriso charmoso no rosto. Difícil acreditar que ela era a pessoa que estava deitada impotente no chão pouco antes. Como sempre, todos os homens do restaurante a olhavam.

Mas eu não conseguia relaxar sabendo que Suh Yoon tinha colocado tanta energia ao cuidar de mim. Então eu disse, com cuidado: "Talvez seja melhor você descansar um pouco mais... Não me importo de voltar para a Coreia do Sul".

Ela respondeu depressa: "Eu me sinto pior quando as pessoas que me cercam se preocupam assim comigo. Se te mandasse embora agora, me sentiria culpada demais".

Era como se sua inimaginável força mental e determinação a ajudassem a persistir. Pensei que seria melhor para ela se eu respeitasse suas vontades. Nós decidimos continuar conversando sobre o *Usufruir*.

Depois de termos pedido nossa comida, contei a ela sobre ter usado os sinais do *Usufruir* no dia anterior. "Eu me senti desconfortável com a segunda compra, então a cancelei imediatamente. Estava certa sobre o sinal estar vermelho?"

"Foi aí que você se destacou, sra. Hong. Você entendeu completamente o que eu lhe disse e colocou em prática. Muito bem. Tem certeza de que o sinal estava vermelho. Você achou a resposta sozinha."

Suh Yoon sorriu graciosa e encorajadoramente. Um calor confortável parecia cercá-la. Minhas preocupações anteriores sobre sua saúde diminuíram um pouco.

"Conforto é o cerne do *Usufruir*. O conforto verdadeiro é a emoção que você sente quando suas ações estão perfeitamente alinhadas com o que sua alma quer. É o sentimento natural de deitar-se na água corrente e deixar que as ondas a carreguem. Essa emoção é o sinal que a leva para uma vida de riqueza."

O sentimento de boiar em águas calmas – isso era conforto. Suh Yoon sorriu e redirecionou nossa conversa, dizendo: "Senhora Hong, se você tiver algumas notas na sua carteira, pode tirá-las e dar uma olhada nelas?".

Eu tirei algumas notas de vinte euros da minha carteira. Suh Yoon acenou em direção ao meu dinheiro e perguntou: "Você se sente desconfortável em relação ao dinheiro?".

"Desconfortável? Nem um pouco. Em geral eu levo comigo essa quantidade na carteira."

Quando ouviu minha resposta, Suh Yoon sorriu sem palavras. Ao ver seu olhar incentivador, pensei em algo.

"Ah... Acho que entendi aonde quer chegar. Quando sente o *Usufruir*, você naturalmente se sente confortável assim."

A guru concordou que eu estava certa. Ela apanhou um copo cristalino de água da mesa. O vidro em forma de sino estava com dois terços de água. Suh Yoon de repente o balançou, depois parou, olhou para mim e perguntou: "Imagine que este é seu copo de riqueza e que a água é dinheiro. O que acontece se balançar o copo com força demais?"

"A água balança e derrama."

"O mesmo acontece com o copo em sua mente. Assim como a água não consegue permanecer em um copo que é balançado, o dinheiro não fica em uma mente turbulenta. Quando você está confortável, a água fica perfeitamente imóvel. A maioria das pessoas ricas que conheci se sentiam confortáveis com seu dinheiro. Não é que as pessoas ricas estão confortáveis porque são ricas, mas são ricas porque estão confortáveis."

A sopa francesa de cebola que eu tinha pedido como entrada chegou. Considerei o que Suh Yoon dizia enquanto eu erguia o queijo derretido com minha colher. Pensei em uma história de Jack Ma, o presidente da empresa chinesa Alibaba, que eu tinha lido durante o voo para a França.

"De acordo com a história que li, Ma nunca disse 'estou infeliz'. Em vez disso, ele dizia 'não me sinto confortável'. Será que Ma também se tornou uma pessoa rica porque se sentia confortável em relação ao dinheiro?"

O rosto de Suh Yoon se iluminou quando ela ouviu isso. "Você mencionou um bom exemplo. Tenho certeza de que Jack Ma já pratica o *Usufruir*. O contrário de 'não me sinto confortável' é 'eu me sinto confortável'. Isso significa que o conforto é o estado-padrão. E isso está no cerne do *Usufruir*."

Ela pousou o copo e disse: "Também percebi que Ma diz 'não me sinto confortável' em vez de 'não gosto disso' ou 'isso é irritante', como outras pessoas fazem. Ele imprimiu 'conforto' em si mesmo. Isso significa que já sabe que *Usufruir* é o segredo para ser uma pessoa rica de verdade e que o conforto atrai o dinheiro como um ímã".

Inclinei a cabeça ao ouvir isso. Eu não tinha entendido uma coisa. Questionei: "Espere. Imprimiu conforto?".

"Sim. A afirmação 'eu não me sinto confortável' implica uma intenção de voltar a um estado de conforto. Nosso cérebro não reconhece afirmações na negativa. Ele só incorpora imagens que lhe vêm à mente com palavras relevantes. Quando você pensa *não estou confortável*, seu cérebro só ouve *confortável*, mas quando você pensa *estou irritado*, então apenas *irritado* fica impresso. Quando você ouve 'eu não me sinto confortável', significa que o estado de espírito padrão e geral da pessoa é o conforto."

#CITAÇÕES DA GURU

"Conforto é o cerne do *Usufruir*."

"O conforto verdadeiro é a emoção que você sente quando suas ações estão perfeitamente alinhadas com o que sua alma quer. É o sentimento natural de deitar na água corrente e deixar que as ondas a carreguem."

"Assim como a água não consegue permanecer em um copo que é balançado, o dinheiro não fica em uma mente turbulenta. Quando você está confortável, a água fica perfeitamente imóvel."

"Não é que as pessoas ricas estão confortáveis porque são ricas, mas são ricas porque estão confortáveis."

"Quando você pensa *não estou confortável*, seu cérebro só ouve *confortável*, mas quando você pensa *estou irritado*, então apenas *irritado* fica impresso. Quando você ouve 'eu não me sinto confortável', significa que o estado de espírito padrão e geral da pessoa é o conforto."

---

21. Treine os músculos da sua mente

Fiquei surpresa ao saber que pessoas ricas imprimem as palavras de que precisam nelas mesmas. Seja de maneira intuitiva ou por meio de estudo, elas sabem sobre o *Usufruir* e sabem que o conforto está em seu cerne. Então elas imprimem as palavras-chave em suas próprias mentes. Suh Yoon abriu um sorriso largo e continuou explicando.

"Os resultados de minhas análises de dezenas de milhares de pessoas ricas de verdade mostram que elas programam subconscientemente as palavras necessárias nelas mesmas. Algumas até de forma compulsiva. Isso é uma coisa que as pessoas ricas de verdade têm em comum."

"Uau, elas se programam de forma compulsiva?"

"Sim. Você sabe que a vida das pessoas ricas de verdade progride de acordo com os dados que elas inconscientemente incorporaram em seus sistemas de crenças. O *input* de Ma, dizendo 'eu não me sinto confortável', é um modo de restaurar o equilíbrio ao filtrar a informação negativa. Ele tem o poder de subconscientemente restaurar sua consciência em desequilíbrio para seu estado original."

Percebi como eu vinha me programando de modo exatamente oposto. "Sempre pensei que fosse o contrário. Meu pai sempre me disse que eu devia ficar inquieta a respeito de dinheiro, que eu precisava fazer isso para não ficar pobre. Eu acreditava. Achava que eu tinha que apertar o cinto e me estressar para ter dinheiro. Sempre tive medo de que me sentir confortável em relação ao dinheiro significaria que ele escaparia entre os meus dedos como areia. Desde criança, eu tinha que anotar cada um dos doces que comprava com a minha mesada."

À luz do seu olhar, falei mais. "Mesmo depois que cresci, nunca levava mais do que 100 dólares na carteira, porque tinha medo de jogar dinheiro fora. Eu recebia meu salário, pagava minhas contas e imediatamente começava a economizar. Comprava roupas ou maquiagem com o que sobrava. Sempre priorizei preocupações com dinheiro em detrimento da minha própria felicidade."

Nesse ponto, nosso prato principal chegou. Era peito de pato – uma das minhas comidas favoritas. Eu me inclinei e senti o aroma. Suh Yoon se inclinou sobre seu prato de lagosta. Seu rosto estava cheio de vida novamente. Perguntei enquanto cortava minha carne: "Eu achava que tinha que colocar meu estresse em primeiro lugar, então como posso de repente começar a me sentir confortável em relação ao dinheiro?".

Suh Yoon de repente descansou o garfo e a faca que segurava. Em vez de responder, ela dobrou o braço para dentro e depois para fora, como se estivesse se exercitando com halteres. Um sorriso travesso dançava em seus olhos. Eu me vi copiando seu gesto.

"Senhora Hong, você sabe que tem músculos no seu braço que se contraem e relaxam, certo?"

"Sim."

"Bem, quando dobra o seu braço para dentro, muitos músculos cooperam para que você o faça. Quando o estende, esses músculos têm de se mover de outro modo. Você não pode fazer as duas coisas ao mesmo tempo."

Isso era apenas natural. Imitei seus movimentos, dobrando meu braço para dentro e para fora. Suh Yoon baixou as duas mãos como se já bastasse.

"O mesmo acontece com nossas emoções. Assim como você não pode dobrar e estender ao mesmo tempo, não pode sentir emoções contraditórias ao mesmo tempo. Seu coração teve a capacidade de sentir ansiedade e alegria esse tempo todo. Mas a ansiedade e a preocupação ofuscaram a alegria."

"Ah..."

"Olhando para isso de uma perspectiva física, o estresse dá um nó em seus músculos. O mesmo acontece com a energia. A energia da preocupação dá um nó no comprimento de onda do universo para deixar o fluxo de dinheiro mais lento. Em casos severos, o caminho por onde o dinheiro chega fica completamente bloqueado."

Era uma boa metáfora. Quando eu estava estressada por causa do trabalho, meu pescoço ficava duro e meus ombros doíam. Eu ficava até com dor de cabeça porque tinha má circulação. A energia não flui livremente no corpo quando estou estressada. O mesmo acontecia com o dinheiro. Minha energia nervosa estivera bloqueando o fluxo do dinheiro que entrava.

"Por outro lado, se se sentir confortável e feliz em relação ao dinheiro, você e o universo vão se conectar naquele comprimento de onda confortável. O universo pega a energia emocional que você lhe dá e reflete de volta o conforto como um espelho, de forma que sua situação financeira também se torne confortável. Você tem dois ímãs em sua mente, sra. Hong. A ansiedade e a preocupação repelem o dinheiro, enquanto a felicidade e o conforto o atraem em sua direção."

"Então como as pessoas podem passar a se sentir confortáveis?"

Ela piscou e disse: "Você já sabe a resposta".

"Ah... você quer dizer *Usufruir*?"

"Sim, é isso. Senhora Hong, já tentou levantar pesos na academia?"

"Eu recentemente resolvi começar a me exercitar de novo. Também quero ter músculos fortes."

Eu fazia essa resolução todas as manhãs. Dizia que ia me exercitar para valer e conseguir fazer a minha dieta. É claro, nunca colocava isso em prática. Eu me exercitava direito quem sabe uma vez por semana. Ao pensar nisso, sorri, tímida.

Ela disse: "Treinar sua mente é como levantar pesos para exercitar os músculos. Quanto mais você praticar o *Usufruir*, mais fortes os músculos da sua mente vão ficar. Quando treinar esses músculos, vai descobrir que a alegria e o conforto lhe vêm com mais facilidade, e que você pode senti-los ainda mais profundamente. Isso vai ajudar suas ansiedades e preocupações a derreter ao mesmo tempo".

Senti como se os músculos da minha mente já estivessem crescendo só de ouvir Suh Yoon. Àquela altura, eu já tinha quase terminado meu pato. Não consegui deixar de perguntar como ela se sentia fisicamente. "Mas você está bem mesmo? Podemos parar por aqui se for demais para você."

Suh Yoon me fitou enquanto falava.

"Você é uma pessoa muito atenciosa, sra. Hong. Obrigada por pensar em mim. Se eu estiver com qualquer problema, vou me certificar de que você saiba. Prometo."

Naquele momento, quando eu estava com ela, era como se ela colocasse minhas necessidades na frente das dela, e me dei conta: uma das razões pelas quais ela era respeitada como "guru dos ricos" era que considerava as necessidades de outras pessoas antes das suas próprias, e naquele momento não era diferente.

#CITAÇÕES DA GURU

"O estresse dá um nó em seus músculos. O mesmo acontece com a energia. A energia da preocupação dá um nó no comprimento de onda do universo para deixar o fluxo de dinheiro mais lento. Em casos severos, o caminho por onde o dinheiro chega fica completamente bloqueado."

"Se se sentir confortável e feliz em relação ao dinheiro, você e o universo vão se conectar naquele comprimento de onda confortável. O universo pega a energia emocional que você lhe dá e reflete de volta o conforto como um espelho, de forma que sua situação financeira também se torne confortável."

"Você tem dois ímãs em sua mente, sra. Hong. A ansiedade e a preocupação repelem o dinheiro, enquanto a felicidade e o conforto o atraem em sua direção."

"Quanto mais você praticar o *Usufruir*, mais fortes os músculos da sua mente vão ficar. Quando você treinar esses músculos, vai descobrir que a alegria e o conforto lhe vêm com mais facilidade e que você pode senti-los ainda mais profundamente. Isso vai ajudar suas ansiedades e preocupações a derreter ao mesmo tempo."

ESTUDO DE CASO
Uma herança menor do que a esperada

Um homem que administrava um pequeno negócio foi intimado por seu pai a ir a sua cidade natal um dia. Seu pai tinha uma doença crônica que piorava, então chamou o homem e seu irmão mais velho de volta para dizer que estava dividindo seus bens. Seu pai tinha muitas fazendas e imóveis na área, fazia muitas gerações. O pai deu ao irmão do homem, que estava em um apuro financeiro relativamente mais difícil, sua terra agrícola mais valiosa. O empresário, por outro lado, herdou uma terra montanhosa difícil de vender. O empresário visitou Suh Yoon, e seu rosto estava cheio de ansiedade e irritação.

"Meu irmão está numa situação pior do que a minha, mas acho que meu pai foi longe demais. A terra que herdei não vale nada. Posso fingir que não recebi absolutamente nada, mas estou muito irritado. Estou com inveja do meu irmão e ressentido com o meu pai. Ele tratou seu filho mais velho melhor do que eu até dar o último suspiro."

O empresário não tinha admitido esses pensamentos para ninguém antes, mas agora os tinha despejado na frente da guru. Seu pai adorava seu irmão desde quando ele era criança. Essas memórias machucavam o homem, e suas emoções negativas cresciam. A guru ouviu sua história e o aconselhou.

"Olhando objetivamente, você herdou aquela terra montanhosa em um momento muito bom. Aquela terra vai lhe render uma grande quantidade de dinheiro, independentemente de seu valor atual, dentro de 3 anos. No entanto, há um pré-requisito. Você precisa controlar suas emoções negativas. Mesmo que esteja no meio de um fluxo que corre bem, não conseguirá acompanhá-lo se estiver afundado em energias negativas."

O empresário levou o conselho de Suh Yoon ao pé da letra. Ele tratou seu corpo e sua mente com reverência e voltou para casa cedo depois de sua rotina diária. Ele passou um tempo sozinho e trabalhou duro para controlar sua mente. "Não posso me deixar sucumbir a emoções negativas. Se eu ficar no meio do fluxo do dinheiro, vou ser levado naturalmente por essa corrente." O homem conseguiu aceitar tranquilo as decisões de seu pai, graças a sua mente apaziguada. Ele tomou conta muito bem de seu pai até o fim e lhe deu um adeus confortável.

Logo depois da morte do pai, o irmão do homem imediatamente vendeu suas terras na cidade. Mas o empresário confiou em Suh Yoon. Ele não estava transtornado pela ansiedade. "A guru disse que eu seria levado pelo fluxo de dinheiro. Ainda não é a hora. É melhor ainda não vender a terra que herdei."

Como resultado da confiança do homem na guru e de sua espera paciente, notícias foram divulgadas de que haveria um empreendimento em suas terras, que se tornariam uma zona de apartamentos. O empresário recebeu 10 milhões pela terra. Ele investiu o dinheiro em seus negócios, e graças a esse investimento generoso de capital pôde expandir. As vendas da empresa ultrapassam hoje 100 milhões ao ano e continuam crescendo. Aquele empresário procurou Suh Yoon novamente e lhe disse: "A chave importante de verdade estava em minha mente. Confiei em seu conselho e trabalhei para assumir o controle da minha mente, então tive essa boa sorte. Não sei como agradecer".

22. Quando você não consegue deixar de ficar nervoso

"Eu sei que uma mente confortável é o que importa, mas nem sempre posso controlar minha própria mente. Passei por momentos em que de fato não tinha dinheiro suficiente. Nem sempre tive um trabalho com um salário decente. O que devo fazer se ainda estiver nervosa?"

A explicação de Suh Yoon sobre ansiedade fazia sentido, mas eu não tinha certeza se ela funcionava em todas as situações. Antes de encontrar Suh Yoon, eu me perguntava se ela, que trabalhava com milionários, podia entender como pessoas comuns como eu se sentiam.

"Sei que se o sinal do *Usufruir* estiver vermelho quando estou comprando alguma coisa, devo parar o que estiver fazendo. Mas também tenho alguns gastos que não escolhi – como impostos, contas de serviços, aluguel ou a mensalidade da escola do meu filho – que são automaticamente debitados da minha conta bancária. Talvez nem sempre eu tenha o suficiente para arcar com essas obrigações. Fico ansiosa quando elas estão para vencer."

Eu me lembrei de um artigo que tinha visto recentemente no jornal. Uma pesquisa com 1200 *millennials* americanos de 18 a 34 anos revelou que eles também se preocupavam com seu status financeiro a curto prazo. Dos que responderam, 60% disseram que teriam dificuldade de arcar com uma despesa inesperada de 500 dólares, e 59% se preocupavam com o pagamento de seus empréstimos estudantis. Setenta e oito por cento também disseram que se preocupavam se teriam ou não oportunidade no futuro de conseguir empregos com um bom salário, enquanto 74% dos entrevistados disseram que se preocupavam com cobranças inesperadas do plano de saúde e 79% estavam apreensivos sobre ter dinheiro suficiente para a aposentadoria.

Enquanto eu comentava a respeito dessa pesquisa sobre a ansiedade dos *millennials*, Suh Yoon segurava tranquila seu chá de ervas e baixou a cabeça para tomar um gole. Então ela levantou a cabeça e olhou nos meus olhos. Ela parecia me entender completamente.

"A ansiedade é natural e esperada, assim como um barco balança por causa das ondas. Você pode ficar ansiosa o quanto for preciso para alcançar seus objetivos financeiros de curto prazo, mas não pode se deixar desviar de seu destino porque está presa pela ansiedade. Estamos agora em uma viagem rumo à riqueza, e seu destino é se tornar naturalmente uma pessoa rica de verdade. Seu barco pode às vezes ser sacudido por ondas severas enquanto você viaja, deixando-a inclusive marejada. Isso é normal. O problema é quando seu barco naufraga pela ansiedade e você se vê presa por ela – assim não vai nem chegar ao seu destino. Não se esqueça de que o balanço do seu barco é parte da viagem."

De algum modo, sua voz tinha o poder de acalmar minha mente.

"O maior problema para muitas pessoas é quando sua ansiedade de repente tira do curso um barco que estava viajando na direção certa. Então, quanto mais se luta para redirecioná-lo, mais provável é que o barco bata em uma pedra, seja pego por uma tempestade, ou gradualmente se afaste de seu destino."

Eu assenti entusiasmada. Tivera muitas experiências assim, em que a ansiedade obscurecia a minha mente como fumaça inodora. À medida que aumentava, ela me levava a emoções como depressão, inveja e aflição. Por fim, essas emoções negativas me deixavam letárgica.

Eu tinha feito uma prova de radiodifusão no quarto ano da universidade porque admirava os repórteres na televisão. Depois de mal passar na prova escrita, eu fui classificada para a avaliação prática e o teste de câmera. Embora já tivesse decorado o manuscrito diante de mim, minha pronúncia titubeava bastante durante os ensaios.

E se me confundir na prova de fato? Não posso continuar pronunciando as coisas erradas ou gaguejando porque estou nervosa...

A ansiedade em minha mente só crescia enquanto eu esperava minha vez. Sentindo-me impotente, até meus pés e minhas mãos tremiam. Olhei para minhas palmas e vi que elas estavam encharcadas de suor por causa da ansiedade e do medo. Quando entrei no estúdio de transmissão, minha ansiedade já tinha me minado. Sob o holofote, tudo o que eu via era branco. Estava nervosa demais para enxergar qualquer coisa. Apenas alguns segundos depois de começar, eu já gaguejava em partes que tinha lido impecavelmente durante os ensaios.

Estou estragando tudo! Ah, meu Deus... O que posso fazer?

Eu já tinha sido engolida pela minha própria ansiedade. Gaguejava pelo menos uma vez a cada frase e nem sequer consegui ler a última. Os entrevistadores pareciam estar tirando sarro de mim pelas costas. Eu estava horrorizada. Minha derrota para a ansiedade me deixou profundamente traumatizada. Depois dela, eu começava a tremer só de ver um microfone. Tive que abrir mão do meu sonho de trabalhar em transmissões.

Eu confessei essa experiência para Suh Yoon, e meu coração afundou quando pensei em como eu me sentia então. Ela acariciou suavemente o dorso da minha mão sobre a mesa.

"Tudo bem se sentir ansiosa. Você não precisa ter medo de suas próprias emoções. Ansiedade e apreensão não são tumores cancerígenos que você precisa extrair. Na verdade, são mecanismos de defesa que os humanos instintivamente desenvolveram para sentir o perigo na era pré-histórica."

Ela explicou mais. "Mesmo se seu barco balançar, você ainda vai estar no rumo do seu destino. Ainda vai estar segura. Se aceitar a ansiedade como parte do processo de alcançar seu destino, vai poder evitar trancos excessivos. Tudo bem ficar ansiosa. Deixe sua alma guiá-la e aja de acordo com o seu conforto. Então a boa sorte vai naturalmente cruzar o seu caminho."

Eu me senti exatamente como se estivesse num barco com ela, viajando por ondas intranquilas. Tudo ficaria bem, mesmo se a viagem fosse instável por um período. Desde que confiasse nela e não parasse de *Usufruir*, me tornaria por fim uma pessoa rica de verdade. Eu estava com a guru! Estava em segurança!

Suh Yoon disse: "Tenho uma dica para você: passar um tempo sozinha vai te ajudar a controlar a sua mente. As pessoas hoje em dia tendem a passar muito tempo concentradas em outras pessoas em vez de em si mesmas. Elas desperdiçam suas emoções se comparando com os outros na televisão ou nas redes sociais. Infelizmente, é fácil ficar presa em emoções negativas quando você faz isso".

"Tem razão. Como devo fazer isso?"

"Não há necessidade de pensar demais a respeito. Só passe um tempo sozinha. Tome um banho de banheira, feche os olhos por um momento e medite. Você também pode ler um livro e refletir. Passar um tempinho cuidando de si mesma já é o bastante."

Na verdade, em geral fico deitada na cama por uns vinte ou trinta minutos olhando o Facebook e o Instagram pelo celular. Depois de um dia estressante, espiava a vida mansa das outras pessoas e então tentava dormir com a cabeça fervendo de inveja e ansiedade. Pensando nisso agora, eu estava desperdiçando meus pensamentos em algo inútil e desenvolvendo apenas emoções negativas.

Suh Yoon segurava seu chá gelado e me lançou um sorriso nobre. "A mesma lógica está por trás de se exercitar alternadamente com intervalos para se manter saudável. Você vai ficar mentalmente mais saudável se der um tempo para sua cabeça também."

#CITAÇÕES DA GURU

"A ansiedade é natural e esperada, assim como um barco balança por causa das ondas. Você pode ficar ansiosa o quanto for preciso para alcançar seus objetivos financeiros de curto prazo, mas não pode se deixar desviar de seu destino porque está presa pela ansiedade."

"O maior problema para muitas pessoas é quando sua ansiedade de repente tira do curso um barco que estava viajando na direção certa. Então, quanto mais se luta para redirecioná-lo, mais provável é que o barco bata em uma pedra, seja pego por uma tempestade, ou gradualmente se afaste de seu destino."

"Mesmo se seu barco balançar, você ainda vai estar no rumo do seu destino. Você ainda vai estar segura. Se aceitar a ansiedade como parte do processo de alcançar seu destino, vai poder evitar trancos excessivos."

"Deixe sua alma guiá-la e aja de acordo com o seu conforto. Então a boa sorte vai naturalmente cruzar o seu caminho."

"Só passe um tempo sozinha. Tome um banho de banheira, feche os olhos por um momento e medite. Você também pode ler um livro e refletir. Passar um tempinho cuidando de si mesma já é o bastante."

ESTUDO DE CASO
Realizando um sonho

Um dia, depois de uma palestra para CEOs e uma reunião com café da manhã, Suh Yoon estava saindo do hotel quando uma pessoa falou com ela.

"Desculpe, senhorita. Tenho que dizer uma coisa."

Suh Yoon olhou para trás e viu um jovem que trabalhava no hall do local da palestra. Ele estava em pé, com as mãos humildemente entrelaçadas. Ele perguntou, parecendo desesperado: "Fiquei muito impressionado com um artigo que li no jornal sobre uma entrevista com você. Sei que é rude da minha parte, mas só queria fazer uma pergunta. Faz mais de 1 ano que estou procurando um emprego, desde que me formei na universidade. Já que estou sem dinheiro e tenho um empréstimo estudantil para pagar, vivo preocupado, então nunca me saio bem em entrevistas de emprego. É possível mudar a maneira como me sinto para sair desse ciclo vicioso?".

O jovem trabalhava em um café desde a manhã até o fim da tarde, e se preparava para as entrevistas reais treinando com amigos no jantar ou com companheiros de estudos noite adentro. Ele ganhava cerca de 1500 por mês. Levava sanduíches para o almoço, tomava cafés de 1 dólar e marcava encontros em parques ou bibliotecas. Mas, por mais que economizasse cuidadosamente, mal sobrava dinheiro. Ele dividia uma casa com amigos e pagava 400 dólares por mês. Suas despesas básicas mensais e gastos com encontros eram de 800 dólares, além de ter de pagar 200 dólares de juros de seu empréstimo estudantil de 30 mil dólares. Não sobrava quase nada.

"Eu tenho 80 dólares na minha conta bancária e só vou receber daqui a uma semana... Não posso nem sair com os meus amigos amanhã porque estou quebrado. O que vai acontecer se eu ficar doente de repente? O hospital pode me cobrar algumas centenas de dólares..."

Quanto mais o jovem demorava para conseguir um emprego, mais ficava preocupado. Ele ficava chateado só de ver quanto restava na sua conta bancária. Não conseguia dormir direito e tinha problemas de digestão. Quando tentava ler, seus pensamentos iam para outro lugar.

Sua insegurança costumava arruinar suas entrevistas. Muitas vezes não conseguia responder bem as perguntas por causa de sua ansiedade.

A guru viu o rosto do homem e sorriu amigavelmente ao parar de andar. Ela explicou o segredo do *Usufruir* e como controlar a ansiedade. O homem parecia arrebatado pela resposta de Suh Yoon. Ele sorriu animado e disse: "Acho que consigo fazer isso, talvez por causa do sentimento de boa sorte que você está me passando. Vou fazer o que você disse!".

Naquela noite, o homem voltou para casa e refletiu sobre o que Suh Yoon dissera. Na sua mesa estavam os livros que ele vinha estudando desde a universidade, um celular e seu notebook. Ele se virou e olhou para o quarto. Observou uma cama pequena com cobertores quentes que sua mãe tinha mandado, assim como um ursinho que tinha ganhado da namorada.

"Ah, até eu tenho algumas coisas. Tenho uma casa onde descansar e pessoas que me amam. Por que nunca vi essas coisas antes?"

O homem tentou praticar o *Usufruir* quando estava no ônibus, quando usava o celular e quando comprava comida em um *food truck*. Ele aproveitava e se sentia grato por qualquer dólar que tivesse. Naturalmente, ele não se sentiu à vontade desde o início. Quando ele olhava seu saldo bancário ou gastava dinheiro, ainda ficava nervoso. Sempre que isso acontecia, dizia para si mesmo: "Está tudo bem. A guru disse que não tinha problema se eu titubeasse um pouco. Quando estou *Usufruindo*, estou seguindo o fluxo para ficar rico. Só preciso ficar dentro do barco. Estou seguro desde que não mude a direção do barco".

O homem percebeu algumas outras coisas enquanto passava tempo sozinho praticando o *Usufruir*: "Não tive de pegar dinheiro emprestado nem sequer uma vez durante o ano passado. Não tive que adiar o pagamento do meu empréstimo estudantil mais do que dois meses, nem precisei ir ao hospital. Ah, considerando tudo isso, não é que eu tenho dinheiro?!".

O homem passou a ficar mais confortável. Ele começou a sentir uma energia revigorante em seu corpo e a se comportar com confiança. Pôde se concentrar nos estudos e fez seu melhor para mergulhar nos preparos para as entrevistas.

Três meses depois de conhecer Suh Yoon, o homem conseguiu uma entrevista em uma empresa global de eletrônicos. Sua confiança chamou a atenção do entrevistador. Em algumas semanas, ofereceram-lhe um emprego. Naquela noite, o homem escreveu um e-mail para a guru e detalhou sua jornada do *Usufruir*. Ele terminou a mensagem com palavras de gratidão.

"Graças a você, consegui um emprego na empresa que eu queria. Acho que conhecer você foi o começo da minha boa sorte e vou sempre levar a minha vida de acordo com as lições que você me ensinou. Muito obrigado!"

23. Se você quiser demais uma coisa, ela não vai acontecer

"Existe uma armadilha na qual é fácil cair quando você está *Usufruindo*", disse Suh Yoon.

Meu coração já estava leve como uma pluma. Desde que eu tinha planejado lidar com a ansiedade, sentia que podia fazer qualquer coisa. Estava cheia de esperança e desejo. Eu estava certa de que a riqueza estava no meu caminho, e próxima.

Suh Yoon parecia estar ciente desses pensamentos que eu estava tendo. Ela não estava me lançando o mesmo olhar afetuoso que tinha lançado quando apaziguava minha ansiedade. Em vez disso, tinha uma energia dura. Ela se sentou ereta e disse num tom digno: "Você quer demais isso".

"Hã?" Eu não esperava aquilo. Sem me dar conta, tinha levantado a voz. Minhas aspirações para me tornar rica só tinham aumentado ao longo dos meus encontros com Suh Yoon. Quando eu ia ao trabalho, a reuniões ou até para a cama, estava tomada pela ideia de me tornar uma pessoa rica de verdade.

Gaguejei ao botar a pergunta para fora. "Mas eu já... já li todo tipo de livro sobre... autodesenvolvimento... Todos dizem que se você quer realmente alguma coisa, ela vai acontecer. Eu me concentrei dia e noite, de todo coração, em me tornar uma pessoa rica de verdade! Estava errada?"

"Você se sente confortável ao querer desesperadamente ficar rica?"

"Confortável? Hã... bem..." Era como se alguém tivesse jogado um balde de água fria em mim. Na verdade, não estava confortável. O medo e a ansiedade cresciam dentro de mim à medida que eu ficava obcecada por me tornar rica. O abismo entre o que eu queria e a realidade ficava maior. Eu me questionava diversas vezes por dia. *Quanto tempo ainda vai demorar para que o dinheiro apareça, agora que eu comecei o Usufruir? O que estou fazendo? E se eu nunca enriquecer? Não quero perder esse sentimento de esperança...*

Quando Suh Yoon fez sua pergunta, eu me dei conta de que querer demais ficar rica tinha levado a minha mente para longe do conforto, de modo que mesmo quando eu praticava o *Usufruir*, seus efeitos eram pequenos. Suspirei. "Você acertou na mosca. Quando quero demais alguma coisa, fico mais ansiosa. Não me sentia confortável. Quanto mais eu ficava obcecada em ficar rica, mais pensava em como ainda não tenho dinheiro suficiente. Tenho ainda mais medo de não enriquecer." Já me senti um pouco mais calma depois de entender a razão do desconforto que tinha até enquanto *Usufruía*.

Suh Yoon tomava seu chá calmamente. Ela estava tranquila como um lago. Perguntou: "Você já quis demais alguma coisa antes?".

Eu lembrei que no ensino médio queria ir para uma universidade específica. Chegava a escrever o nome da escola em todas as minhas anotações e ficava obcecada com o meu objetivo. Um garoto mais velho por quem eu tinha uma queda fora para aquela universidade, e eu estava determinada a ir também. Pensando bem, eu havia me concentrado tanto em ir para aquela faculdade que era incapaz de me focar nos estudos. Eu pensava: *Quero tanto ir para lá. E se não conseguir? Isso não pode acontecer...*

A ansiedade, a preocupação e o medo cresceram. Minhas emoções negativas me impediram de me concentrar nas outras tarefas da escola. Eu estava sempre fazendo outras coisas, como assistindo televisão ou rabiscando. Não conseguia ficar sentada à escrivaninha por muito tempo e tinha pesadelos sobre ir mal no meu exame final. Não conseguia nem dormir confortavelmente. O dia da prova chegou. Segui para a sala onde ela seria aplicada, sem ter conseguido estudar como planejava. Eu não estava preparada e de fato fui mal no exame. Isso, é claro, significava que não poderia frequentar a universidade dos meus sonhos.

Minha inabilidade de conseguir o que queria tão ardentemente me machucou por muito tempo. Eu nunca tinha conseguido contar a ninguém sobre isso. Fingi que nada havia acontecido. Mas sentia que aquela antiga ferida estava sendo curada ao contar toda a história a Suh Yoon.

Ela mudou o clima da conversa ao pegar meu celular da mesa.

"Senhora Hong, você quer muito este celular?"

"Não. Por que ia querer? Ele já é meu..." Eu perguntei em resposta, com os olhos arregalados. Era como se uma lâmpada tivesse acendido na minha cabeça.

"Ah! Como ele já é meu, eu não quero tanto. É por isso que eu me sinto confortável com ele. E isso é *Usufruir*, bem isso. Estou sentindo o *Usufruir*!"

Os olhos de Suh Yoon brilharam mais uma vez. Seu sorriso estonteante me fez pensar em uma rosa vermelha desabrochando coberta de orvalho. Ela levantou os polegares para mim.

"Acertou. Quando você quer demais uma coisa, acaba se concentrando na falta. Você se sente assim porque acredita que não tem alguma coisa."

Tudo ficou claro quando ouvi sua explicação. *Usufruir* significava mirar "o que eu tenho", mas querer demais uma coisa acabava levando o foco para "dinheiro insuficiente". Os dois eram como os polos positivo e negativo de um ímã.

"Compare querer alguma coisa demais com *Usufruir*. *Usufruir* significa seguir o fluxo, assim como flutuar numa boia em um riacho. É suave e confortável. Mas querer uma coisa demais é como empurrar uma caixa pesada sobre um terreno pedregoso. À medida que a força aumenta, a fricção provocada contra você também aumenta."

"Ah, entendi", eu disse, pensando alto. "Emoções negativas como ansiedade e medo criam uma força oposta. Quando o desconforto afasta o dinheiro, você continua imprimindo 'dinheiro insuficiente' em seu subconsciente. Isso é o oposto do *Usufruir*."

"O problema é que as pessoas percebem a falta com mais força, então o desejo que elas sentem aumenta proporcionalmente. Vira um ciclo vicioso."

#CITAÇÕES DA GURU

"Quando você quer demais uma coisa, acaba se concentrando na falta. Você se sente assim porque acredita que não tem alguma coisa."

"*Usufruir* significa seguir o fluxo, assim como flutuar numa boia em um riacho. É suave e confortável."

24. Anotações sobre o *Usufruir*

As pessoas aos poucos estavam começando a ir embora do restaurante. Eu comecei a guardar meu gravador e meu computador para encerrar nosso encontro daquela noite. Então Suh Yoon pousou os óculos que segurava e disse: "Quero te dar mais uma dica para ampliar os efeitos do *Usufruir*".

"Claro. O que é?"

"Eu costumava fazer um estudo mental uma vez por mês com alguns CEOs. Quando expliquei esta técnica a eles, todos disseram que os efeitos do *Usufruir* aumentaram."

Eu estava cheia de alegria. Estava conseguindo informações em primeira mão, uma técnica secreta da qual só pessoas ricas sabiam. Suh Yoon apenas disse: "Faça anotações sobre o *Usufruir*".

"Você quer dizer registrar minhas ideias sobre o *Usufruir* em um diário?"

"Sim, mas não tão extensamente. Apenas rascunhe como você praticou o *Usufruir*, e como se sentiu quando o fez."

Eu digeri seu conselho devagar. Ela tomou um gole do chá e explicou mais: "Pense desta forma. Quando as pessoas seguem a corrente na água, elas não sabem aonde estão indo. Mas podem ver a direção geral ao marcar lugares ao longo do caminho e se conectar com eles. É nas suas anotações sobre o *Usufruir* que você aponta esses lugares. Quando você os anotar, vai poder ver para onde está seguindo".

Ela acrescentou: "Pesquisas sugerem que cada pessoa tem entre cinco e seis oportunidades de dar saltos quânticos na vida. Infelizmente, só por volta de 3% das pessoas usam essas oportunidades para ficar ricas. O resto passa por elas sem que elas se deem conta de que são oportunidades. Elas não conseguem dizer para que lado a corrente está indo".

O termo "salto quântico" chamou a minha atenção. Ela estava dizendo que eu podia chegar muito mais além do que a vida que eu estava levando agora. Pensei que o momento em que encontrei Suh Yoon de novo devia ser um desses saltos quânticos, e lhe pedi avidamente: "Eu preciso agarrar essas oportunidades. Por favor, me conte como fazer esse diário".

"É melhor criar frases simples. Escreva 'eu tenho' sobre o que você tem e 'eu sinto' quando estiver descrevendo como se sente. Se quiser, pode anotar seus sentimentos de gratidão ou deslumbramento depois disso. Algumas pessoas anotam diariamente, mas eu recomendo de três a quatro vezes por semana, para que você não se sinta sobrecarregada pela tarefa de tomar notas todos os dias."

"Não parece tão difícil. Vou começar agora mesmo." Tive uma ideia enquanto escutava Suh Yoon e perguntei: "E se eu registrar minhas anotações sobre o *Usufruir* em algum lugar como o Instagram? Eu poderia adicionar fotos e *hashtags*. Talvez isso motive outras pessoas a espalhar a alegria do *Usufruir*".

Suh Yoon assentiu com um sorriso mágico. Eu me senti como quando Luke aprendeu a usar melhor a Força.

Aquela era minha última noite em Paris. Nós nos levantamos. Suh Yoon segurou minha mão gentilmente e nos despedimos. Senti uma grande dívida de gratidão para com ela por seus esforços para o meu bem mesmo quando ela mesma não se sentia bem. Observei enquanto ela voltava para o quarto e me senti determinada a lhe retribuir.

Quando voltei para casa, comecei minhas anotações sobre o *Usufruir*.

8 de junho

EU TENHO dinheiro para pagar o almoço em um restaurante tailandês para amigos do meu antigo emprego.

EU SINTO abundância porque tenho dinheiro suficiente para pagar uma refeição para outras pessoas. Eu me sinto grata por meus ex-colegas me procurarem mesmo 8 anos depois de eu ter saído daquele emprego.

10 de junho

EU TENHO dinheiro para pagar um empréstimo.

EU ME SINTO bem porque tenho dinheiro para pagar uma dívida. Agora não preciso mais temer as datas de vencimento das parcelas. Eu me sinto confortável quando me concentro no *Usufruir*.

13 de junho

EU TENHO dinheiro para assinar o contrato para a nova casa que quero. Assinei o contrato da casa para onde vou me mudar hoje. A parcela mensal é um pouco mais alta do que a que pago atualmente, mas a casa é maior. Ela tem uma vista bonita e um bom parquinho perto. Eu não tinha o suficiente para dar o depósito de segurança, mas meu irmão mais novo me emprestou o dinheiro.

EU ME SINTO orgulhosa de mim mesma por poder pagar o aluguel desta casa. Fiquei satisfeita porque assinar o contrato provou minha capacidade de arcar com a casa. Também sou grata ao meu irmão, que me emprestou o dinheiro. Eu me sinto uma pessoa de sorte e amada.

18 de junho

EU TENHO dinheiro suficiente, mas não comprei a mesa italiana de madeira que vi na loja de móveis importados. O atendente me disse que ela estava com 20% de desconto hoje e hesitei, mas vi que o sinal do *Usufruir* estava vermelho e não a comprei.

EU ME SENTI pouco à vontade quando vi a mesa. Na verdade, o que vi hoje não era o que eu estava procurando. Mas pensei na mesa italiana que a minha amiga ostentou no Instagram e hesitei. Eu queria colocar alguns pratos naquela mesa e postar umas fotos no meu próprio Instagram. Mas usei os sinais do *Usufruir*. *Esta mesa não é a que eu quero! Se eu a comprar, vou me arrepender mais tarde!*

19 de junho

EU TENHO dinheiro para comprar uma mesa legal. Hoje eu vi a mesa com tampo de nogueira que estava procurando. Embora fosse um pouco cara, gostei dela, e o sinal verde do *Usufruir* estava ligado. Confiei no sinal e peguei minha carteira. Então a dona da loja me disse que me daria 400 dólares de desconto.

EU SINTO que estou com sorte. Ganhei um desconto inesperado! Mesmo tendo comprado uma coisa mais cara do que tinha planejado, não me arrependi. Estou satisfeita de pensar que posso comprar o que realmente quero. Um móvel me fez assim tão feliz! Já estou feliz de pensar no tempo que vou passar com a minha família ao redor daquela mesa.

Quando eu era criança, gostava de atividades em que tinha de preencher linhas pontilhadas. Eu juntava muitos pontos para formar o desenho de um peixe, de um pinguim ou de um elefante. Eu me sentia da mesma forma em relação às minhas anotações sobre o *Usufruir*. Eu não tinha percebido que estava ligando pontos. Quando juntei esses pontos mais tarde, pude ver um fluxo que não reconhecera antes. Pude ver que eu estava construindo uma vida de felicidade e conforto para minha família e meus amigos. A felicidade do *Usufruir* cresceu gradualmente, e assim dinheiro e pequenas doses de boa sorte estavam conseguindo chegar até mim. Quando usei os sinais do *Usufruir*, comecei a parar de ter de arcar com despesas desnecessárias. Parei de comprar por impulso em promoções. Eu estava muito ciente do que queria, e meus sentimentos positivos a respeito de como gastava meu dinheiro cresceram bastante. Eu conseguia dizer com certeza ao reler minhas notas que agora eu estava no caminho da abundância.

#CITAÇÕES DA GURU

"Quando as pessoas seguem a corrente na água, elas não sabem aonde estão indo. Mas podem ver a direção geral marcando lugares ao longo do caminho e se conectando com eles. É nas suas anotações sobre o *Usufruir* que você escreve esses lugares. Quando você os anotar, vai poder ver para onde está seguindo."

HISTÓRIA DA GURU
A guru abre as suas asas

No novo milênio, Suh Yoon estava começando a ganhar o mundo. Ela passou a explorar a sabedoria humana não só do Leste Asiático, mas também da América, da Europa e da Índia. Ela visitou os Estados Unidos, o Canadá, a França e a Índia durante esse período e conheceu mestres de todo o mundo, travando discussões com eles como generais combatendo com lanças num campo de batalha. Suh Yoon dividiu sua sabedoria com eles também e se tornou ainda mais perspicaz.

Ao mesmo tempo, ela não negligenciou seus estudos acadêmicos. Formou-se em administração de empresas na universidade e em administração pública na especialização para explorar mais os princípios de gerenciar negócios e países. Ela também estudou o básico de ciências sociais – psicologia e sociologia –, assim como o básico de ciências – física e biologia – sozinha, para aprender a lógica da natureza. Ainda perto dos 20 anos, ela já tinha se tornado uma guru madura, dominando clássicos orientais e ocidentais, acadêmicos modernos e inúmeros estudos de caso verídicos.

Ela era chamada de "guru dos ricos" e estava alçando voo. Dizem que o talento instantaneamente reconhece o gênio. As pessoas que Suh Yoon procurou eram fundadores de multinacionais de primeiras gerações. Essas pessoas mais velhas reconheceram de imediato o *insight* da guru de pouco mais de 20 anos. Os rumores se espalharam rápido, e muitas pessoas ricas foram conhecê-la. Como resultado, ela aconselhou proprietários e executivos de alto escalão das cem empresas de maior destaque da Coreia do Sul e três quartos dos magnatas dos imóveis e investidores mais notáveis do país. Além do mais, ela orientou mais de 30 mil pessoas da faixa mais alta em termos de renda e bens materiais.

Depois de se consultar com Suh Yoon, essas pessoas ricas não puderam deixar de se influenciar por seus conselhos penetrantes. Investidores individuais queriam orientação sobre quando e onde investir em ações, títulos, *commodities* e imóveis. Gerentes e executivos de liderança a consultaram sobre estratégias de administração, conselhos sobre aplicação de mão de obra e estratégias para resolução de crise. Ela tinha juntado tendências microeconômicas, macroeconômicas e industriais para entender diferentes tipos de *commodities*, assim como a situação imobiliária em cada região.

Sua técnica de aconselhamento retomava o *yin-yang* (陰陽說, a teoria oriental do xadrez e do equilíbrio cósmico por meio das forças mutualmente opostas do *yin* e do *yang*). Suh Yoon tinha uma visão mais ampla do mundo e pôde sugerir o método mais razoável para que a pessoa conseguisse o que desejava. Outros sábios apenas ensinavam seus pupilos a se entregar ao destino ou a controlar a própria mente, mas seus métodos eram diferentes. A guru sugeria o método mais eficiente para alcançar o desejo de uma pessoa. Aqueles que a conheciam multiplicavam seus bens dezenas de vezes, escapavam de crises de falência e agarravam oportunidades que estavam por um fio.

Ela tinha uma série de sucessos públicos também: aos 22 anos, foi a pessoa mais jovem a ser chamada para proferir a Palestra para a Federação de CEOs das Indústrias Coreanas, e seu nome apareceu na sua lista de palestrantes mais famosos por vários anos consecutivos; um livro que ela publicou quando estava com 20 e poucos anos foi um best-seller das finanças pessoais; e grandes jornais publicaram dezenas de entrevistas com ela.

Mas em contraste com a sua carreira glamorosa, os pensamentos da guru estavam cheios de preocupações subjacentes sobre a razão da existência. Logo antes de ela completar os 30 anos, começou a investigar esse problema a sério.

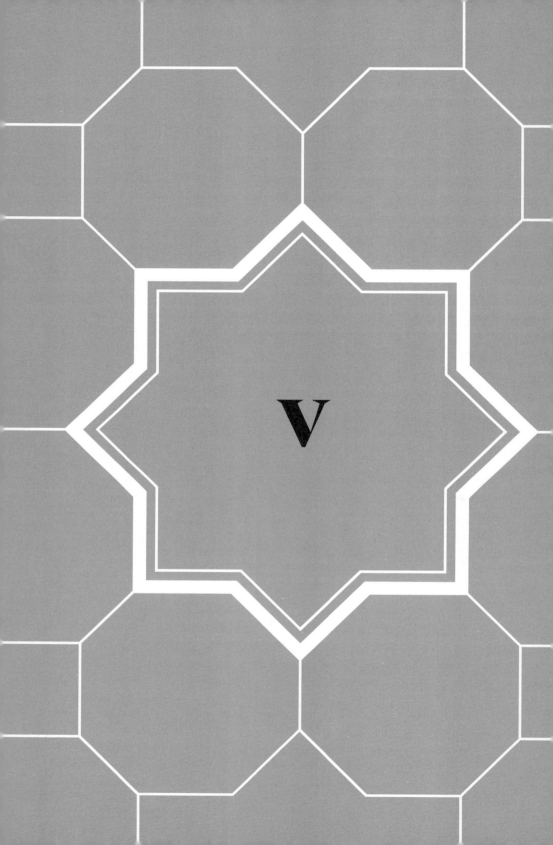

25. Mudanças de vida

Antes de eu aprender sobre o *Usufruir*, minha vida era como um campo de batalha todos os dias. Eu acordava e tomava café da manhã, levava meu filho para o jardim de infância e corria para o trabalho. Mesmo quando estava freneticamente ocupada com o meu serviço, eu ainda era responsável pelo meu filho. Algumas vezes saía no meio do dia e corria para a escola quando me diziam que ele estava com febre. Em casa ou no trabalho, eu sempre me sentia com pressa para fazer alguma coisa. Eu chegava ao final do dia exausta. Sempre me sentia mal por não poder passar mais tempo com o meu filho.

Acariciava seu rosto enquanto ele dormia todas as noites e pensava: *Preciso sair do meu emprego*. Eu me sentia não recompensada e desinteressada em meu trabalho havia muito tempo. Para onde eu estava correndo? Por que estava vivendo dessa maneira? Eu não conseguia responder minhas perguntas.

Mas eu não tinha coragem de deixar meu emprego. Não fazia ideia de como viveria se perdesse meu salário fixo. Eu ainda tinha muitos empréstimos para pagar e não havia economizado dinheiro para a aposentadoria. A mensalidade da escola do meu filho só aumentaria. Era difícil arcar com as nossas despesas básicas apenas com o salário de servidor público do meu marido. Eu pensava nisso todos os dias e sempre chegava à mesma conclusão: simplesmente teria que viver com isso por ora, por mais difícil que fosse. Eu me consolava, ao me dar conta de que meus pais tinham vivido daquela maneira, assim como a maioria das outras pessoas. Eu não conseguia me lembrar da última vez que de fato havia me soltado e dado risada.

Me comparar com amigas que não precisavam trabalhar, por ter herdado propriedades dos pais ou por ser casadas com maridos que ganhavam muito dinheiro, machucava ainda mais. Suas vidas pareciam tão diferentes da minha. Elas se cuidavam, mandando os filhos para a escola e depois fazendo aulas de pilates ou balé de manhã. Compravam os últimos lançamentos de bolsas e almoçavam descontraidamente em restaurantes da moda. Nem precisavam se preocupar em lavar roupas e limpar, já que tinham empregadas domésticas. Viajam para a Europa ou o sudoeste da Ásia com a família quando os filhos não estavam na escola. Eu não conseguia encontrar um traço de preocupação financeira em suas fotos sorridentes no Facebook. Eu nunca tinha admitido para ninguém, mas frequentemente as invejava de verdade.

Depois que conheci a guru, no entanto, minha vida mudou. Minha rotina diária não era mais desagradável e eu não sentia inveja das outras pessoas quando as via em fotos. Afinal, eu estava no caminho certo. Não tinha mais que viver a vida sacrificando hoje para ter amanhã. Eu estava dando um passo de cada vez em direção ao meu futuro como uma pessoa rica. A esperança batia em meu peito. Agora, eu vivia no momento.

No voo de volta de Paris para a Coreia do Sul, me lembrei de Suh Yoon dando o seu melhor por mim ainda que não estivesse bem. Com o rosto pálido, ela empregava toda a sua força para me mandar energia. Isso me inspirava confiança. Resolvi praticar o *Usufruir* de forma ainda mais comprometida por causa dela.

Depois de voltar para a Coreia do Sul, eu apertei os cintos e mergulhei de cabeça no *Usufruir*. Desta vez, usei os sinais do *Usufruir* sobre os quais tinha aprendido em Paris. Eu fazia o gesto do *Usufruir* antes de gastar dinheiro e tentava sentir se realmente queria ou não o que estava comprando. Quanto mais eu praticava, mais fácil era me sentir confortável. Assim como Suh Yoon dissera sobre treinar seus músculos com levantamento de pesos, ficava cada vez mais fácil ver o sinal verde do *Usufruir*.

Assim como uma bola de neve rolando acumula neve, minha felicidade em *Usufruir* gradualmente aumentou. Mesmo quando eu tinha experimentado pela primeira vez o *Usufruir* alguns meses antes, aquela felicidade tinha sido como ondas suaves. Agora parecia que havia um festival completo dentro de mim, com fogos de artifício. Em momentos assim, eu fechava meus olhos e imaginava. Em minha imaginação, meu corpo todo era uma antena enorme transmitindo energia. Aquela energia que crescia pouco a pouco puxava o dinheiro em minha direção como um ímã. Eu abria meus olhos e dizia para mim mesma: "Certo... O dinheiro está vindo para mim agora. Estou a caminho da riqueza".

À medida que minha felicidade com o *Usufruir* crescia, minhas emoções em relação ao dinheiro começaram a mudar. Antes, meu coração afundava um pouquinho sempre que o caixa do supermercado escaneava um código de barras. "Como esse filé mignon pode ser tão caro? Eu preciso mesmo disso? Não preciso de verdade comer aquele bacalhau... Eu já tenho frango congelado em casa. Como é que já chegou a 100 dólares? Acho que já tenho algum azeite de oliva muito parecido com aquele... É melhor tirar isso." Eu saía do supermercado carregando peso nos braços e na mente. Eu me sentia culpada, mesmo sem ter feito nada de errado.

Mas, agora, no caixa do supermercado, pensava: *Ah, vou poder fazer este salmão fresco para o jantar hoje. Aqueles morangos orgânicos parecem deliciosos. Meu filho vai ter alimentos saborosos para comer. Sim, tenho todo esse dinheiro. Sou grata por conseguir comprar todos esses bons alimentos mais uma vez hoje.*

Quando eu assinava o recibo do cartão de crédito, parecia que estava assinando um documento que provava que eu tinha dinheiro para investir no bem-estar da minha família. Até as compras que eu carregava não pareciam pesadas. Eu erguia a cabeça com orgulho.

É claro, a ansiedade às vezes ainda me alcançava. Naquele verão especialmente quente, uma conta de eletricidade me deixou desesperada. Eu tinha usado tanto o ar-condicionado que a conta estava 200 dólares mais cara do que de costume. Meu coração começou a pular. "O que é isso? Mesmo tendo praticado o *Usufruir* por alguns meses, ainda não consigo me controlar. Como vou ficar mais rica desse jeito?"

Então a voz de Suh Yoon ecoou em minha mente como sinos tocando:

Seu barco pode às vezes ser sacudido por ondas severas enquanto você viaja, deixando-a inclusive marejada. Isso é normal. Não se esqueça de que o balanço do seu barco é parte da viagem.

Peguei meu celular e abri as anotações sobre o *Usufruir* que eu vinha escrevendo. Sorri, porque elas evocaram minha felicidade naquelas dezenas de momentos sobre os quais eu tinha escrito, e me lembrei de quando Suh Yoon disse que a ansiedade é natural. Não há por que se envergonhar. Ao olhar as anotações, eu podia ver o fluxo em direção à riqueza. E eu me lembrei da guru segurando a minha mão nesse barco. Espantei minha ansiedade com esses pensamentos e continuei no meu caminho.

Decidi praticar o *Usufruir* mesmo quando não estava gastando dinheiro. O *Usufruir* pode acontecer a qualquer momento, em qualquer lugar. No meu caminho para o trabalho, costumava passar uma hora olhando o Facebook pelo celular. Lia alguns posts de amigos e dava *likes* neles, mas lutava contra o sentimento de que estava perdendo alguma coisa.

Agora, todo o tempo que eu tinha era dedicado ao *Usufruir*. Como Suh Yoon tinha me ensinado, eu fechava os olhos e me concentrava na respiração, me lembrando das coisas que tinha. *Eu tenho um corpo saudável. Tenho sorte de ter um marido e um filho saudáveis também. Sou grata por ter uma casa de onde saio de manhã e para onde volto depois do trabalho, e também não estou passando fome. Minha bolsa, meus sapatos bege e a blusa preta que estou usando também são todos meus.*

Quando mergulhava em pensamentos assim, a gratidão e o contentamento me dominavam. Aquela era a sensação de ter dinheiro. Então eu pegava o celular e escrevia essas emoções nas minhas anotações sobre o *Usufruir* ou as postava no Instagram. Começar o dia daquele jeito fazia tudo parecer aprazível.

26. Boa sorte

Não demorou para que eu experimentasse os efeitos do *Usufruir*. Meu corpo respondeu primeiro. Minha indigestão crônica, as dores de cabeça e as cólicas ficaram menos severas. Eu não ficava mais acordada me mexendo e virando na cama à noite. Estivera cronicamente exausta, como se sempre tivesse um grande peso nos ombros, mas isso tinha acabado. Meu corpo inteiro ficou mais leve. Eu estava muito bem revigorada, como se tivesse me exercitado. Minha mente estava tranquila e eu conseguia me concentrar melhor no trabalho.

Naturalmente, meu desempenho no serviço também melhorou. Eu ria com mais frequência, até de coisas triviais. As piadas chatas dos colegas nunca foram tão engraçadas. Eu sorria quando via o sol se pondo ao sair do escritório e ria alto sempre que meu filho fazia uma carinha fofa. Sentia que as minhas emoções tinham mudado e agora eu estava frequentemente feliz.

As pessoas ao meu redor também notaram a diferença. Assim como você não pode esconder quando se apaixona, havia sinais de que minhas emoções tinham mudado. Colegas me diziam: "Você está empolgada como se estivesse indo para um encontro" ou "Alguma coisa boa aconteceu? Você parece mais feliz".

Eu comecei a receber comentários positivos no Instagram também. "Você parece tão feliz hoje!"; "Queria poder ser grata pelas pequenas coisas como você é." Uma amiga especialmente invejosa da época do segundo grau foi franca ao me perguntar: "Qual é o seu segredo para estar tão feliz o tempo todo ultimamente?". Quase deixei escapar que era tudo graças à guru, mas depois mudei de ideia. Eu não estava com pressa para contar a história.

Foi nessa época que a boa sorte começou a dar as caras. Eu nunca tinha me considerado uma pessoa sortuda. Nós participamos de um sorteio todos os anos no aniversário de fundação da empresa, mas meu número nunca saía. Sempre que eu fazia um pedido num restaurante, a mesa ao lado recebia a comida primeiro. Eu não conseguia nem comprar uma bandeja de morangos sem que os do fundo estivessem machucados. Ficava presa no congestionamento toda vez que tentava fazer uma viagem. Eu não estava pedindo para ganhar na loteria, mas sentia que sempre tirava o graveto mais curto.

Depois que comecei o *Usufruir*, no entanto, a boa sorte passou a se esfregar em mim como um gato. Começou com coisas pequenas, que eram difíceis de reconhecer como tal. Uma manhã pedi um café americano na cafeteria ao lado do trabalho, onde eu tinha começado o *Usufruir*. De repente ouvi um barulho na caixa registradora. Àquela altura, o atendente e eu já tínhamos ficado próximos, e ele sorriu e disse: "Parabéns. Todo dia nós escolhemos um cliente para ganhar uma bebida de graça, e hoje é você".

O próximo lance de sorte veio num restaurante francês, onde meu marido e eu comemorávamos nosso aniversário de casamento. Um garçom trouxe um *foie gras* que custava cerca de 20 dólares a mais do que o prato que tínhamos pedido.

"Senhora, sinto muito. Nós nos enganamos com seu pedido, então oferecemos este prato como um pedido de desculpas. Por favor, aproveite enquanto refazemos seu pedido." Meu marido e eu apreciamos vorazmente nossos *hors d'oeuvres* extras.

O interessante era que quanto mais eu ficava ciente da minha boa sorte, com mais frequência ela dava as caras. Comprei um pacote de copos de papel e ganhei um segundo grátis. Uma loja de departamentos na qual parei por acaso estava vendendo um casaco de inverno de que eu tinha gostado por menos da metade do preço. Ganhei bolinhos grátis quando pedi comida japonesa pelo telefone.

Outra ocasião foi em um workshop da empresa. Minha mesa ficou em primeiro lugar num jogo coletivo e todos nós ganhamos 100 dólares em cupons para café. No evento seguinte, durante o sorteio, fiquei encarando o cupom na minha mão, sem ouvir muito bem. Depois, com um viva, todos de repente se voltaram e olharam para mim. Ergui a cabeça, surpresa. O mestre de cerimônias estava agitando um papel com o meu nome escrito. Eu tinha sido sorteada em segundo lugar e ganhado um *smartwatch*. Eu estava encantada, mas não surpresa, porque sabia que essa boa sorte tinha vindo até mim. O segredo era o *Usufruir*.

Quando fui ao banco pagar um empréstimo, definitivamente senti o dinheiro vindo em minha direção. No passado, eu me sentia mal durante vários dias antes de resolver essa tarefa. Ficava chateada por perder meu dinheiro e sentia como se a dívida restante fosse um poço sem fundo. Mas agora era diferente. Quando comecei o *Usufruir*, eu sentia: *Não é qualquer um que consegue quitar uma dívida assim. Isso é uma coisa que eu posso fazer. Devia ser grata por ter o dinheiro para pagar o empréstimo.*

Pratiquei o *Usufruir* naquele dia, de frente para o caixa. Então o funcionário que cuidava da minha conta olhou para a tela do computador e disse, do nada: "Sua classificação de cliente aumentou. Os juros são menores agora e as políticas do banco também mudaram, então precisamos atualizar suas taxas". Preenchi o formulário sem esperar muito. Depois de algumas horas, recebi uma mensagem de texto enquanto estava numa reunião de trabalho. Ela dizia que a taxa de juros tinha caído 0,5%. Eu teria comemorado um mero 0,1%, mas 0,5%! Quase pulei de alegria bem no meio da reunião.

Naquela noite, passei um tempo sozinha, fazendo minhas anotações sobre o *Usufruir*. Eu escrevi que minha taxa de juros tinha diminuído e que me sentia cheia de alegria. Eu pensei: *É claro que Suh Yoon estava certa. O dinheiro realmente te alcança por meio do Usufruir.* É fascinante. Abri um espaço entre os dedos indicador e médio da minha mão direita e os posicionei diante dos meus olhos. Eles formaram uma antena, e ela parecia estar transmitindo energia emocional. Imaginei dinheiro sendo atraído até mim por aquela energia e me senti mais feliz. Pensei: *O Usufruir está funcionando bem hoje. É melhor eu planejar minhas férias de verão!*

Já fazia alguns anos que eu queria passar as férias em Bali, na Indonésia, mas os voos e os hotéis eram um pouco mais caros do que em outros destinos do sudeste da Ásia. Eu me sentia culpada por gastar muito dinheiro em uma viagem, então sempre escolhia algo mais barato.

Mas nunca me sentia satisfeita, viajava inquieta. Coisas lamentáveis continuavam acontecendo durante as minhas viagens, talvez por causa da minha insatisfação. Chovia o tempo todo ou os restaurantes cobravam preços exorbitantes. Motoristas de táxi ficavam perdidos. Meu voo uma vez foi cancelado de repente por causa de um tufão. Eu voltava para casa sempre chateada no avião.

Queria que as coisas fossem diferentes agora que eu estava *Usufruindo*. Por meio da mágica do *Usufruir*, eu não precisava me preocupar em escolher o que queria. Antes de comprar as passagens para Bali, pratiquei brevemente o *Usufruir*. A felicidade parecia fluir da minha cabeça até meus pés. Eu estava confortável e tudo parecia natural. Era claramente um sinal verde. Eu comprei minha passagem sem muito mais confusão. Quando cliquei, minha mente e meu corpo estavam ótimos e uma felicidade plácida me percorria. Eu até reservei um hotel mais caro que de costume. Eu tinha gastado um pouco mais de dinheiro, mas minha mente estava transbordando de felicidade.

Quando fui para a cama na noite seguinte pensei: *Esta sensação é porque minha vida está repleta de coisas melhores. É um investimento em meu futuro como pessoa rica. Não posso esperar até amanhã.*

27. Bali

Aquela semana em Bali foi a melhor viagem da minha vida. O primeiro golpe de sorte veio no aeroporto. Uma funcionária com um rabo de cavalo arrumado sorriu gentilmente e disse: "A classe econômica está toda reservada hoje. Posso passar sua família para a classe executiva, se você quiser".

Nós aproveitamos um voo confortável de oito horas para Bali em nossos assentos da classe executiva. Talvez por causa do assento confortável, meu filho de 4 anos não choramingou nenhuma vez durante o voo. Até tirei um cochilo de três horas e descansei lendo livros e assistindo a filmes.

A boa sorte nos seguiu até o hotel spa. Eu nunca tinha visitado um desses antes. Não parecia certo gastar mais do que 100 dólares – mais do que a mensalidade das aulas de arte do meu filho – em uma massagem. Mas eu não conseguia desistir da ideia. Sempre que saía de férias, eu pairava ao redor do hotel spa e depois ia embora.

Mas desta vez não havia necessidade daquele conflito. Eu tinha os sinais do *Usufruir* para me ajudar. *Tenho dinheiro para ir ao spa. E eu mereço aproveitar as férias uma vez no ano. Ah... estou me sentindo ótima.* Eu levei os dois dedos diante do olho, fazendo o gesto do *Usufruir*. A felicidade se espalhou pelos meus dedos da cabeça aos pés. Minha mente estava completamente à vontade. Meu corpo todo estava relaxado, quase como se eu já tivesse ido ao spa. Era um sinal verde.

Passei pela porta da recepção alegremente. Uma funcionária usando um vestido indonésio tradicional tinha as mãos bem postas diante de si. "O *happy hour* começou à uma da tarde. Todas as massagens estão com 50% de desconto agora."

Na tarde seguinte, eu estava deitada numa espreguiçadeira, vendo meu marido e meu filho construírem um castelo de areia. A risada do meu filho ecoou por sobre a areia. O sol estava brilhando e o vento soprava refrescante na praia. As ondas esparramavam espuma branca quando recuavam. Eu alcancei a água de coco ao meu lado para tomar um gole. Meu corpo inteiro estava entusiasmado com a alegria de passar férias tão fantásticas. Peguei meu telefone e comecei a fazer minhas anotações sobre o *Usufruir*.

1 de agosto
EU TENHO dinheiro para passar férias maravilhosas em Bali.

EU ME SINTO muito sortuda por ter dinheiro para pagar por essas férias maravilhosas. A boa sorte continua vindo até mim. Até onde a mágica do *Usufruir* vai?

Então um e-mail da sede global da minha empresa me chamou a atenção. Embora eu estivesse em férias, tinha uma sensação extraordinária a respeito daquele e-mail.

"Como resultado de uma mudança da política corporativa, a empresa vai agora cobrir alguns custos do plano de saúde para todos os funcionários com mais de 40 anos."

Eu tinha acabado de completar 40 anos havia alguns meses. Abri o anexo sem pensar duas vezes. O que vi me fez saltar da cadeira. Cinco mil dólares seriam depositados na minha conta bancária no mês seguinte, completamente do nada. Se eu não tivesse completado 40, não receberia um centavo. Aquele dinheiro pagaria as despesas adicionais das minhas férias em Bali, e ainda sobraria um pouco.

O último dia das minhas férias tinha chegado. Até o ano anterior, minhas férias tinham sempre sido permeadas por irritações. Eu colocava minhas preocupações em primeiro lugar não importava aonde ia, pensando: *Tem alguma coisa com um cheiro esquisito no meu quarto. Eu devia ter reservado um hotel melhor. Os frutos do mar são caros demais aqui. É melhor eu procurar um restaurante mais barato.*

Mas essas férias foram diferentes. Tinham me oferecido comida de graça em restaurantes, o clima estava perfeito e tínhamos até ganhado um *upgrade* de quarto no hotel. Com o *Usufruir*, eu tinha vivido naqueles momentos e mergulhado na felicidade. Aquelas pequenas doses de boa sorte tinham disparado uma sorte muito melhor. Minhas inquietações e preocupações sobre dinheiro tinham ficado para trás com a alegria do *Usufruir*. Era festa todo dia.

Enquanto caminhava em direção ao meu avião para ir embora de Bali, eu pensava: *Sinto que o Usufruir mudou a minha vida. Aposto que vou me tornar uma pessoa rica de verdade se continuar seguindo esse fluxo.*

Pouco depois, recebi um e-mail de Suh Yoon dizendo que ela tinha voltado para a Coreia do Sul. Eu queria compartilhar minha felicidade com minha *gui-in*. Decidi comprar café para ela de presente, já que a bebida naturalmente me lembrava dela. Ao pagar, ondas de felicidade me atingiam e meu conforto se ampliou. As ondas pareciam mais fortes do que nunca – talvez porque eu estivesse comprando um presente para Suh Yoon.

O dia de nosso encontro chegou. Já fazia por volta de dois meses que tínhamos nos encontrado em Paris. Segui para sua casa com o café na mão. Mas a atmosfera perto da casa estava estranha. Sedãs de luxo, nada comuns na área, estavam alinhados do outro lado da construção. Cochichos de vários homens de terno indo de um lado para o outro alcançaram meus ouvidos.

"Ouvi dizer que a M.o.M. tinha voltado para a Coreia do Sul, mas onde ela está? Nosso presidente disse que queria reorganizar o pessoal e tinha que encontrar com ela... Estou esperando aqui desde ontem."

"Tive um pouco de dificuldade já que não sabia onde a guru morava. Eu mostrei a foto dela para muitos motoristas de táxi e donos de lojas por ali e acabei conseguindo as direções."

"Não posso deixar de encontrá-la hoje de novo... a madame está esperando no carro desde hoje de manhã."

Eu sabia que eles estavam procurando Suh Yoon. Ela não tinha feito aconselhamentos nos últimos anos, e eu tinha ouvido rumores sobre pessoas esperando na frente da sua casa. Ela parecia estar se escondendo para evitar pessoas a incomodando. Eu lhe mandei uma mensagem de texto. "Onde você está? Tem muita gente ao redor da sua casa. Tudo certo para você ainda me encontrar hoje?"

Eu olhava fixamente para o telefone, mas não havia resposta. Eu estava preocupada que ela tivesse desaparecido para fugir dessas pessoas. Então meu celular apitou. Abri a mensagem com as mãos trêmulas.

"Senhora Hong, saí um pouco por causa da bagunça ao redor da minha casa. Encontre-me em um hotel no distrito do palácio."

Ah, eu tinha sido escolhida. Isso também era a boa sorte do *Usufruir*.

28. O que é boa sorte?

Tomei o elevador do hotel para a cobertura, observando a vista panorâmica do palácio de centenas de anos pela parede de vidro. Eu podia ver o palácio onde reis tinham realizado seus deveres, além dos caminhos que eles tinham percorrido ao lado da residência da rainha. Alguns pássaros bicavam alguma coisa no chão. Estava tudo tranquilo e sereno. A atmosfera pacífica do antigo palácio me relaxou, lentamente.

Então a senti se aproximando. Ela estava usando um vestido de renda cinza-esverdeado com sandálias de amarração douradas de salto alto e carregava uma bolsa marfim. O batom levemente alaranjado iluminava seu rosto. Eu estava aliviada ao ver que ela parecia saudável.

Soltei: "Ah, fiquei tão preocupada quando achei que não conseguiria te encontrar. Tinha tanta gente esperando... Obrigada por me oferecer seu tempo".

Ela sorriu e colocou a mão no meu ombro. "Não existem coincidências. Quando você acha que um encontro ou alguma coisa está acontecendo por acidente, na verdade é um milagre que estava operando fazia muito tempo. O fato de que você me encontrou direta ou indiretamente significa que você está na bifurcação da estrada. Continuo encontrando pessoas que cultivam sua boa sorte e evitam o azar."

Eu timidamente ofereci o café que tinha trazido de presente. Suh Yoon se inclinou para a frente e cheirou dentro do pacote. Ela aspirou profundamente o aroma. Vi que o meu presente a deixava verdadeiramente contente.

"Estou feliz por ter gostado. Quando comprei, senti que estava indo melhor no *Usufruir*."

Suh Yoon sorriu, assentiu e disse: "Dizem que coisas boas acontecem quando você acumula boas ações (積善之家 必有餘慶). As boas ações podem ser para os outros ou para si mesma. Se você valorizar a felicidade que sente quando age em benefício de outra pessoa, coisas boas com certeza lhe alcançarão".

Eu mostrei minhas anotações sobre o *Usufruir* a Suh Yoon. Eu me sentia como uma criança cujo trabalho está sendo corrigido. Felizmente,

Suh Yoon ergueu o rosto com um grande sorriso. Minha tensão derreteu como neve na primavera. "É interessante ver como você percebe as coisas, sra. Hong. Acho que essas anotações são excelentes. Vou acrescentar que quando você escreve 'eu tenho', é melhor se a informação for mais detalhada. Por exemplo, em vez de 'eu comi um jantar saboroso', você poderia escrever 'eu comi um delicioso contrafilé com aspargos'."

"Entendi; ser mais evocativa vai trazer a felicidade que senti durante a experiência de volta à vida. Vou me lembrar do sabor do filé, da textura dos aspargos." Resolvi então registrar mais detalhes nas minhas anotações.

Também dividi minhas experiências de boa sorte e a história das minhas férias em Bali com Suh Yoon, acrescentando, "Eu achei que a boa sorte aparecia por acaso como um raio do nada, que apenas uma pequena fração das pessoas escolhidas eram sortudas o suficiente para ficarem ricas. Não podia acreditar que a boa sorte algum dia se voltaria para mim."

Os olhos de Suh Yoon brilharam e ela me perguntou: "Senhora Hong, o que é boa sorte?".

"Bem... ganhar algum dinheiro sem ter feito nada ou ganhar na loteria, alguma coisa assim?"

Ela sorriu e negou com a cabeça.

"Boa sorte e eficiência são conceitos que se relacionam de forma muito próxima. Elas a ajudam a conseguir o que você quer de modo mais rápido e mais fácil do que você o faria apenas por meio de seu esforço."

Assenti. A boa sorte de que ela falava não significava conseguir o que você queria de graça. Pelo contrário, ela queria dizer que era como tomar uma via expressa em vez de uma estrada de terra sem pavimentação para o seu destino. Uma vez, no ensino médio, eu tinha feito uma prova em que todas as perguntas vinham de capítulos que eu tinha estudado. As perguntas dissertativas difíceis eram todas de partes que eu tinha lido bem antes da prova. Depois da prova, todos os meus amigos tinham reclamado de como ela estava difícil, enquanto apenas eu sorria. Eu tirei a nota mais alta de toda a história do meu ensino médio naquela prova. Entendi, depois de ouvir Suh Yoon, que aquilo era boa sorte. Eu tinha conseguido tirar uma nota mais alta com a mesma quantidade de tempo de estudo.

"Parece que entendi mal o que é a boa sorte. Eu achava que significava bolsas cheias de dinheiro caindo do céu sem esforço da minha parte."

Suh Yoon ouviu enquanto tomava seu café e se inclinou para frente para colocar a xícara na mesa. Ela disse: "A boa sorte é multiplicada pelo nosso esforço, não somada a ele".

"Como?"

"Se a boa sorte fosse como somar, você a teria mesmo se seu esforço fosse zero."

"Ah, certo. Então seria 'zero mais boa sorte é igual a boa sorte'."

"Mas não é assim que a boa sorte funciona. Se seu esforço for zero e você multiplicá-la, o resultado continua sendo zero. No fim, você não ganhou nada. Zero vezes boa sorte é igual a zero."

"Então você pode receber de volta várias vezes o esforço que coloca se você trabalhar duro", eu disse. "Então, quando fico grata por aquele resultado, você coloca mais esforços e consegue maiores resultados... É um ciclo virtuoso."

A guru assentiu e falou firmemente de novo àquela altura.

"Pessoas que querem coisas de graça nunca ficam ricas. Eu não vi isso acontecer sequer uma vez em 30 anos de aconselhamento e análise de estudos de caso."

Um general corajoso não pode derrotar um general sábio, um general sábio não pode derrotar um general virtuoso e um general virtuoso não pode derrotar um general ferido.
CONFÚCIO

#CITAÇÕES DA GURU

"Boa sorte e eficiência são conceitos que se relacionam de forma muito próxima. Elas a ajudam a conseguir o que você quer de modo mais rápido e mais fácil do que você o faria apenas por meio de seu esforço."

"A boa sorte é multiplicada pelo nosso esforço, não somada a ele."

"Se seu esforço for zero e você multiplicá-la, o resultado continua sendo zero. No fim, você não ganhou nada."

EXEMPLO
Steven Bradbury – um homem de sorte

O patinador de velocidade australiano em categoria pista curta Steven Bradbury é considerado o homem mais sortudo da história dos Jogos Olímpicos de Inverno. Ele levou a medalha de ouro na categoria masculina de mil metros em pista curta no ano de 2002 nos Jogos Olímpicos de Inverno em Salt Lake City. Bem na última volta da corrida final, Bradbury tinha ficado muito para trás quando todos os quatro adversários na frente dele bateram de uma vez, e graças ao tombo deles ele ganhou a medalha de ouro. Essa vitória foi chamada de "a ironia do destino".

Ele ganhou a corrida como também desfrutou de boa sorte durante toda a Olimpíada. Ele tinha ficado para trás nas quartas de final, mas os corredores na sua frente foram desclassificados por obstrução. Nas semifinais, todos os três corredores na frente de Bradbury bateram, e ele pôde avançar para a corrida final.

Uma boa sorte inacreditável o acompanhou em suas corridas de pista curta, mas sua jornada para a medalha de ouro não tinha sido fácil. Em um discurso, ele tinha dito que treinara "de cinco a seis horas por dia, seis dias por semana, por 12 anos, sem intervalo para as Olimpíadas." Ele teve que tolerar a má sorte ao longo de suas corridas anteriores nos Jogos Olímpicos. Ele tinha sido eleito como favorito para as Olimpíadas de 1994, mas foi eliminado na primeira rodada. Então, dois dias antes da competição de 1998, ele teve intoxicação alimentar e sua corrida foi arruinada. Ele considerou seriamente se aposentar em 2000, depois de um ferimento grave no pescoço.

Em uma entrevista depois das Olimpíadas ele disse: "É verdade que tive sorte, mas também foi importante eu estar lá para agarrar aquela sorte. Não vou encarar a medalha como só o minuto e meio da corrida que de fato ganhei. Vou encará-la como a última década do trabalho duro a que me dediquei".

29. O fluxo da sorte

Escutando Suh Yoon, lembrei-me de uma memória de antes de eu ter começado o *Usufruir*, que ainda me machucava. Eu tinha ido a uma loja de produtos eletrônicos comprar um novo notebook. O funcionário da loja disse: "Se você contratar o cartão de crédito daqui, vai ganhar 150 dólares de desconto no computador. É só assinar o formulário e você ganha o desconto".

Ao ouvir a palavra "desconto", não me contive. Pensei: *Uau, 150 dólares de desconto? Eu estava preocupada em comprar um notebook de mil dólares sem ter muito dinheiro, mas... adoraria um desconto!*

O funcionário me entregou um longo formulário de inscrição. Levei uns dez minutos para preencher todos os espaços em branco e assinar várias vezes. Depois eu tinha que ligar para a empresa do cartão de crédito e falar com uma atendente. Ao fazer isso, tive que responder muitas perguntas sobre meu histórico pessoal. Levei mais de vinte minutos. E ainda não tinha acabado. A atendente disse que me ligaria de volta imediatamente para confirmar, mas esperei mais de meia hora. Ela enfim me ligou e disse: "Não conseguimos localizar seu histórico de crédito. Por favor, entre em contato com seu plano de saúde e peça um recibo de pagamento".

Eu ainda não tinha conseguido sair da loja de eletrônicos. Tive que esperar lá até conseguir o número do cartão. A irritação começou a inflamar e pensei: *Ai, sou tão miserável. Tive que fazer tudo isso pra conseguir um desconto. Estou me sentindo tão pobre.* Mas não conseguia desistir agora que já tinha ido tão longe. Eu teria desperdiçado todo aquele tempo que tinha passado esperando. Demorou um pouco para conseguir falar com o plano de saúde. Depois de uma hora e meia gasta naquele formulário do cartão de crédito, a atendente ligou de volta para dizer: "Não podemos autorizar seu cartão hoje".

Eu explodi. Estava furiosa com a atendente inocente. "Você está de brincadeira? Está achando o quê, me fazendo esperar tanto tempo!"

Àquela altura, eu nem queria mais comprar o notebook. Saí da loja de mãos abanando. Eu me sentia terrível. A programação da minha tarde de sábado tinha sido completamente arruinada porque eu tinha jogado todo aquele tempo fora. Eu nem tinha comprado o computador de que precisava.

Sobretudo, era como se o mundo inteiro estivesse me dizendo: "Você está quebrada, então não importa se está jogando tempo fora. Seu tempo não vale nada. Olha quanto tempo você esperou para conseguir um desconto de 150 dólares".

Contei essa experiência para Suh Yoon, me sentindo amarga. "O que devo fazer nesse tipo de situação?"

Suh Yoon colocou o longo cabelo preto atrás das orelhas, revelando brincos de pérola elegantes. "Esse último sentimento é a resposta. Parece que você disse a si mesma 'eu não tenho dinheiro algum agora', em vez de entender que estava ganhando um desconto. Se está começando a se dar conta de que sua energia está baixa porque acha que não tem dinheiro, rejeite essa ideia com firmeza. Não deixe isso acontecer." Ela ressaltou esse último ponto em particular.

Assenti e respondi: "Eu estava pensando do jeito errado. Vinha dizendo para mim mesma 'eu não tenho' sem me dar conta. Eu devia ter rejeitado a oferta de desconto e usado os sinais do *Usufruir* na compra. Sei que não é uma pequena quantia de dinheiro, mas prefiro gastar meu dinheiro satisfeita do que afastá-lo mais ainda de mim".

O combinado de chá da tarde que tínhamos pedido chegou. Bolinhos, pequenos sanduíches, tortinhas e muffins estavam empilhados em uma bandeja de três andares. Os bolinhos assados aromáticos estavam pontilhados com uvas passas, e eu conseguia sentir o doce das tortas de manga e tangerina mesmo antes de comê-las. Minha boca estava cheia d'água. Peguei um canapé de salmão e aproveitei o momento.

"Humm... delicioso."

Suh Yoon sorriu e disse: "Vamos falar um pouco mais sobre boa sorte. Dois atletas competiam em uma partida olímpica de esgrima. Um deles era o trigésimo do ranking mundial e tinha subido para décimo, e o outro era o terceiro do ranking, mas estava caindo de posição. Quando esses dois se enfrentarem, quem você acha que tem mais probabilidade de ganhar?".

As Olimpíadas de 2016, no Rio de Janeiro, estavam passando na televisão. Sua pergunta me lembrou da vitória do esgrimista coreano classificado em vigésimo primeiro no ranking mundial sobre o húngaro, que ocupava a terceira posição. O coreano tinha se recuperado de um placar de 10-14 em seu último jogo para ganhar por 15-14. Por fim, a medalha de ouro foi para o seu pescoço.

Eu sabia que o esgrimista coreano não tinha podido treinar por quase 1 ano devido a uma lesão. Depois de sua recuperação, ele tinha se lançado em treinos por seis meses antes dos Jogos Olímpicos e tinha rapidamente subido no ranking à medida que suas habilidades se fortaleciam. Respondi com ele em mente.

"Acho que o atleta em ascensão vai ganhar, mesmo que sua posição no ranking seja inferior. Ele está melhorando. Há muitos atletas olímpicos nessa situação que têm vitórias inesperadas."

"Certo. Ascensão! Esse é o fluxo da sorte. Boa sorte significa seguir esse fluxo. Todo atleta olímpico dá duro. Mas isso não é tudo. Como você pode dizer pela palavra 'ascensão', os jogadores que seguem o fluxo da sorte têm uma vantagem muito maior. Mesmo se ficarem para trás, se usarem esse fluxo bem, podem ter uma vitória inesperada. As pessoas que seguem o fluxo da sorte estão remando na direção da corrente, então aceleram muito mais se comparado com o esforço que aplicam. Não é diferente na estrada para a riqueza. Você pode ficar rico de maneira muito mais eficiente com a mesma quantidade de esforço."

Ao ouvir Suh Yoon, pensei em um homem rico que eu tinha entrevistado quando era repórter. No fim das minhas entrevistas com pessoas ricas, sempre lhes perguntava quais eram seus segredos. Como uma frase pronta, todas diziam que tinham trabalhado tanto quanto as outras, mas que tiveram uma sorte melhor.

Eu também me lembrei de um artigo de jornal que havia lido há pouco tempo que também dizia que as pessoas ricas chamavam seu segredo do sucesso de sorte. Lee Byung-chul, o fundador do grupo Samsung, apontou três elementos para o sucesso, dizendo que "Você precisa de boa sorte (運), honestidade simples (鈍) e tenacidade (根)." Ray Lee Hunt, fundador de uma empresa petroleira e um dos quatrocentos mais ricos da *Forbes*, disse: "Se eu tivesse que escolher entre sorte e inteligência, escolheria sorte a qualquer momento". Daniel Kahneman, psicólogo e economista, definiu talento e sorte como fatores decisivos para o sucesso.

"Quando penso sobre as pessoas ricas que conheci, parece que todas elas seguiram o fluxo da boa sorte", eu disse. "Como posso aproveitar a boa sorte como elas fazem?"

#CITAÇÕES DA GURU

"Se está começando a se dar conta de que sua energia está baixa porque acha que não tem dinheiro, rejeite essa ideia com firmeza. Não deixe isso acontecer."

"Ascensão! Esse é o fluxo da sorte. Boa sorte significa seguir esse fluxo."

"As pessoas que seguem o fluxo da sorte estão remando na direção da corrente, então aceleram muito mais se comparado com o esforço que aplicam. Não é diferente na estrada para a riqueza. Você pode ficar rico de maneira muito mais eficiente com a mesma quantidade de esforço."

30. A bifurcação da boa sorte

Já era fim da tarde e os raios do sol estavam laranja-escuros. A luz do sol refletia em seu cabelo brilhante. Suh Yoon sorriu e disse: "Sim, você constrói sua própria boa sorte. Ela não é concedida apenas a algumas pessoas especiais. Você também pode atrai-la para si. Agora, sra. Hong, você está em uma bifurcação em seu caminho pela floresta. A estrada se divide em três direções aqui. Um caminho é a estrada para a felicidade, outro é o caminho em que você já está e o último é a estrada para a pobreza. A folhagem é densa, e você não consegue distinguir os caminhos entre si".

Suh Yoon abriu os braços e falou com uma voz melodiosa. Ela parecia estar acolhendo a boa sorte e a mágica. Eu imaginei essa estrada diante de mim, como uma cena em um filme de fantasia. "Senhora Hong, você precisa escolher um caminho. Como pode ter certeza de que vai escolher o caminho para a riqueza?"

Inclinei a cabeça e perguntei: "Depois que eu escolher, não tem como voltar atrás, certo? Tenho que ficar nesse caminho até chegar à próxima bifurcação".

"Sim. Essa é a lei da boa sorte. Até sua próxima oportunidade de escolher, você será responsável por sua escolha."

É claro que eu tinha chegado a diversas bifurcações de todas as escalas ao longo da minha vida. Eu tinha escolhido o curso na universidade, escolhido um trabalho, escolhido um homem com quem me casar e escolhido estudar fora do país. Eu tinha escolhido o caminho para ficar rica? Não tinha certeza.

"Mas como posso ter certeza de antemão de que estou indo no caminho certo?"

"Temo que você esteja certa de que não sabe a essa altura. É muito arriscado para pessoas pensarem que elas sabem o caminho, porque ele está escondido bem no fundo de nós e não vem facilmente à tona."

Suh Yoon parou por um momento e disse: "O psicólogo Carl Jung disse que a vida de uma pessoa é a história da autoexpressão do inconsciente, e que tudo no inconsciente é expresso por incidentes na vida da pessoa ou fenômenos externos. Tudo com o que sonhamos pode acontecer, na medida em que o inconsciente interpreta a energia do universo".

Estudei mais o inconsciente depois de conversar com a guru. De acordo com a *Psychology Today*, o inconsciente "não é um buraco negro de impulsos inaceitáveis esperando você tropeçar, mas pode ser a fonte de crenças, medos e atitudes ocultos que interferem na vida rotineira." Se a consciência é a ponta de um iceberg flutuando na água, o inconsciente é a enorme parte submersa do iceberg que nem sequer notamos.

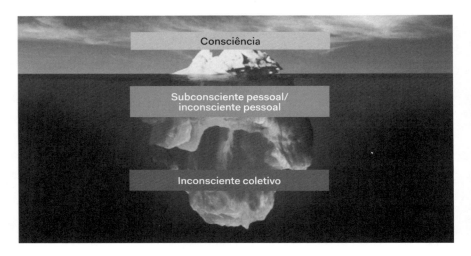

Carl Jung propôs a existência não apenas de um inconsciente individual, mas também de um inconsciente coletivo, que é um depósito da sabedoria de toda a humanidade. Erich Fromm escreveu em seu livro *A linguagem esquecida* que podemos alcançar um lugar de sabedoria do subconsciente profundo por meio dos sonhos. O gigante da psicologia do século XX Milton H. Erickson disse que as soluções para os problemas humanos estão dentro da pessoa, no inconsciente. Erickson acreditava que o inconsciente de uma pessoa é uma fonte positiva de força e cura.

Eu sabia que podemos nos aproximar de nosso inconsciente por meio dos sonhos. Quando eu tinha por volta de 10 anos, minha mãe disse que tinha sonhado que segurava a mão da minha finada avó no meio de uma tempestade. Bem cedo na manhã seguinte, meus pais dirigiam por uma rua diferente. Minha mãe contou ao meu pai sobre o sonho e implorou que ele dirigisse com cuidado. Em uma curva na chuva o carro derrapou para fora da estrada, mas meu pai pisou no freio devagar e evitou um acidente grave. Minha mãe acreditava que tinha evitado ferimentos graves porque sua mãe havia avisado sobre o acidente no sonho.

Há alguns anos, minha cunhada sonhou que um peixe roxo enorme tinha entrado na casa dela. Meus pais ficaram contentes ao saber do sonho e acharam que ele significava que logo aconteceriam eventos felizes em nossa família. Pouco depois, eu descobri que estava grávida. Logo antes de me reencontrar com a guru, eu mesma sonhei que meu finado pai tinha me dado uma medalha de ouro. Eu tinha tido um palpite de que uma resposta de Suh Yoon chegaria.

Eu já confiava na sabedoria do inconsciente. Perguntei cuidadosamente: "Então... você está dizendo que meu inconsciente... já sabe qual caminho... vai me levar à riqueza?".

"Sim, você sabe como nosso inconsciente pode atrair a boa sorte. O inconsciente cria fluxos de sorte que nos beneficiam e que nós podemos seguir. O mundo da sorte não é como uma previsão do tempo que lhe diz se vai chover ou não. A providência da natureza é diferente, dependendo das raízes. Se plantamos as sementes da boa sorte em nosso inconsciente, vamos colher seu fruto quando for a hora, sem falta."

Na minha imaginação, eu vislumbrava um vento vivaz guiando a minha embarcação, e a guru estava sentada na proa como uma deusa da boa sorte. Querendo ouvir mais sobre o segredo da boa sorte, me sentei mais perto daquela deusa.

#CITAÇÕES DA GURU

"O inconsciente cria fluxos de sorte que nos beneficiam e que nós podemos seguir. O mundo da sorte não é como uma previsão do tempo que lhe diz se vai chover ou não."

"Se plantamos as sementes da boa sorte em nosso inconsciente, vamos colher seu fruto quando for a hora, sem falta."

31. O poder do inconsciente

Eu me lembrei de repente da conversa que tinha tido com Suh Yoon em Paris. Nós tínhamos falado sobre como Jack Ma, o fundador chinês da Alibaba, usava a frase "Não estou confortável". Suh Yoon tinha explicado que isso era Ma imprimindo conforto em seu inconsciente, e dissera em seguida que sua vida se desenrola de acordo com a forma como seu inconsciente está programado, e que esse era o segredo para ser uma pessoa rica de verdade.

Agora eu sabia por que parecia que só pessoas ricas aproveitavam a boa sorte. "Acho que entendi. Você disse, quando nos falamos antes, que as pessoas ricas de verdade colocam compulsivamente as palavras essenciais em seus inconscientes, e que elas tinham escolhido o caminho para a boa sorte dessa maneira."

Ela bateu as mãos e seus olhos brilharam de alegria. "É ótimo que entenda com tanta clareza! Você está certa. As pessoas ricas colocam a ideia de que têm dinheiro na cabeça. Nosso cérebro escolhe o fluxo da sorte, dependendo dos comandos que colocamos neles."

Com um sorriso enorme, eu disse: "Então sei como escolher o fluxo da boa sorte... como imprimir o *Usufruir* em meu inconsciente! Praticando o *Usufruir*, esse é o caminho".

Pensei nas histórias de como alguns dos homens mais bem-sucedidos tinham encontrado sua grande oportunidade. Masayoshi Son, fundador da empresa japonesa SoftBank, aos 19 anos de idade planejou como seria sua vida até os 50 anos. Quando estava na casa dos 20, ganhou notoriedade; perto dos 30, reuniu capital para os negócios; aos 40 anos, conquistou uma grande vitória; aos 50, ele tinha terminado seu modelo de negócio; e aos 60 anos passou sua empresa para a administração seguinte. Depois de estabelecer esses objetivos, Son escolheu a distribuição de software dentre outras quarenta indústrias, aproximadamente. Ele fundou o SoftBank em 1981 e prometeu para seus dois empregados que "criaria uma empresa com vendas anuais de mais de 10 bilhões de dólares em 30 anos". Ele tinha muita confiança de que enriqueceria. Em uma palestra, disse: "Eu não tinha nem 1 dólar aos 19 anos, mas escolhi qual montanha eu escalaria e constantemente me imaginava realizando meus objetivos. Depois de ter feito um plano para a minha vida, nunca mudei meus objetivos".

O fundador da Amazon, Jeff Bezos, trabalhava como vice-presidente de uma corporação financeira de Wall Street quando se formou na universidade, mas se demitiu em 1994 para entrar no ramo de comércio on-line. Sua decisão foi rápida, mas não precipitada: ele ia vender livros – um produto com boa saída, consistente, leve e fácil de entregar – pela internet. A Amazon cresceu depressa; os pedidos inicialmente chegavam a cerca de dez livros por dia, mas três meses depois já alcançavam os cem livros. Depois de 1 ano, a Amazon vendia cem livros por hora. Mais tarde Bezos disse: "Quando eu tiver 80 anos, vou me arrepender de ter deixado Wall Street? Não. Vou ter me arrependido de ter perdido a chance de estar lá no início da internet? Sim".

Ao pensar nas histórias de Son e Bezos, admirei o *insight* de Suh Yoon. Os dois tinham imprimido o *Usufruir* em seu inconsciente e escolhido o caminho para a riqueza quando chegaram na bifurcação. Son escolheu o negócio de entrega de software, e Bezos pediu demissão do emprego para criar a Amazon.

Pensei na época do meu primeiro ano de MBA, quando tomei uma decisão insensata. Todos os meus amigos tinham conseguido estágios em empresas de consultoria ou bancos de investimento, mas eu não. Fiquei cada vez mais ansiosa. Todos conseguiram um emprego em uma empresa melhor, mas eu não tinha nada. O que faria depois da formatura? Eu ainda tinha 1 ano até a formatura, mas estava nervosa. Não conseguia dormir e tinha perdido o apetite e, portanto, emagrecido. Eu sentia que os meus amigos me evitavam porque eu não conseguia arranjar um emprego e fui ficando reclusa.

Um dia, de repente, pensei: *Eu não tenho para onde ir. E se eu tentasse entrar no doutorado? Eu nem gosto de estudar, mas quem sabe eu melhorasse. Deve ser melhor do que me formar de mãos vazias. Não vou me sentir excluída se tiver uma oferta de uma boa escola.*

Enquanto meus colegas se preparavam para trabalhar, eu estava fazendo aulas de cálculo e análises reais e me preparando para meu exame GRE. Eu não tinha pensado muito em que curso escolher e elegi um que era pouco relacionado com a minha especialização porque parecia mais fácil do que os outros.

Corri na direção daquele objetivo por quase 1 ano, mas os resultados foram lamentáveis. Eu fui rejeitada por todas as faculdades para as quais me candidatei. Cada carta de rejeição que chegava era como uma derrota miserável. Outros amigos que, como eu, não haviam conseguido estágios, tinham conseguido outros empregos ou estavam se tornando empreendedores àquela altura.

Por fim, minha ansiedade se tornou realidade. Fui à minha formatura de mãos vazias. Quando saí do campus, não tinha para onde ir.

Suspirei e disse: "Escolhi um caminho ridículo na época. Eu só perdi tempo e me afastei da minha riqueza". Suh Yoon me lançou um olhar solidário sem dizer uma palavra. Só de falar sobre aquela experiência com Suh Yoon eu me sentia melhor em relação a ela.

"Mas agora eu aprendi a seguir o fluxo da boa sorte. Não vou cometer os tipos de erro que cometi no passado. Muito obrigada."

Suh Yoon respondeu em uma voz compassiva. "O presente define o passado. O passado é um ativo valioso quando leva a realizações no presente. Além disso, a gratidão vai lhe trazer uma boa sorte ainda maior. A ciência da boa sorte nos ensina que a felicidade traz o sucesso, e não o contrário."

#CITAÇÕES DA GURU

"As pessoas ricas colocam a ideia de que têm dinheiro na cabeça. Nosso cérebro escolhe o fluxo da sorte, dependendo dos comandos que colocamos neles."

"O presente define o passado. O passado é um ativo valioso quando leva a realizações no presente. Além disso, a gratidão vai lhe trazer uma boa sorte ainda maior. A ciência da boa sorte nos ensina que a felicidade traz o sucesso, e não o contrário."

ESTUDO DE CASO
Destino da vida dela

"Senhorita Lee, quero conhecer um homem com quem possa me casar. Os homens que conheci até hoje estavam endividados ou desempregados, ou tinham outros tipos de problemas financeiros. Honestamente, quero conhecer um homem que tenha alguma reserva de dinheiro."

Uma mulher com cerca de 30 anos tinha procurado a guru para se aconselhar. Ela havia se formado em uma universidade renomada e trabalhava como gerente em uma empresa farmacêutica. Crescera em uma família abastada, mas cuja situação financeira tinha dado uma guinada para pior quando ela estava na universidade. Economizava vivendo frugalmente e gastava o dinheiro que ganhava pagando a mensalidade escolar de suas irmãs mais novas.

Suh Yoon disse: "Você vai ter a oportunidade de conhecer um bom marido dentro de 1 ano. Primeiro, por que não tenta se concentrar no prazer e nos benefícios do dinheiro? O desespero financeiro só vai atrair pessoas que estão na mesma sintonia".

A mulher aprendeu sobre o *Usufruir* com Suh Yoon e se habituou a aproveitar a felicidade do que ela tinha enquanto vivia o momento. Naquela mesma noite, fez suas primeiras anotações sobre o *Usufruir* e expressou sua gratidão. Mexendo na internet, acabou achando um blog de viagens sobre o Mediterrâneo. Ela pensou: *É isso! Vou fazer uma viagem sozinha. Sempre quis conhecer o Mediterrâneo. Até esse ponto, economizei dinheiro para as responsabilidades da minha família. Só uma vez gostaria de sentir o prazer que o dinheiro pode proporcionar.*

Ela verificou os sinais do *Usufruir* para confirmar e resgatou alguns fundos mútuos que tinha para fazer um cruzeiro de vinte dias. Apenas alguns dias antes de sua viagem acabar, a mulher estava fazendo suas anotações sobre o *Usufruir* sentada em um café no Mediterrâneo quando alguém perguntou: "Com licença, você se importaria em dividir a mesa?".

A mulher ergueu o rosto e viu um americano com traços asiáticos de rosto agradável. O homem disse que ela tinha chamado sua atenção no barco. Ela ficou sabendo que ele também era de uma família de imigrantes, mas que tinha empreendido e tocava um negócio próprio. Não levou muito tempo para que os dois descobrissem que tinham muito em comum.

A mulher se casou com o homem e se mudou com ele para os Estados Unidos no ano seguinte. Em uma carta para Suh Yoon, disse: "Isso tudo é graças às valiosas lições que você me ensinou. Minha atitude mental atraiu boa sorte e o destino me apresentou ao homem perfeito. Agora praticamos o *Usufruir* como um casal e somos gratos pelo que temos. Talvez seja por isso que o negócio do meu marido está prosperando mais e mais a cada dia. Muito obrigada, de verdade".

32. Coexistência

Eu estava me sentindo muito bem a essa altura, e provavelmente tinha um ar sonhador no rosto. Suh Yoon sorriu ao ver minha expressão e disse: "Quero apresentá-la a mais um segredo da boa sorte".

"Ah, o que é?"

Ela fez um gesto em direção à sacola que eu tinha lhe dado mais cedo. "Realmente apreciei que você tenha me trazido este café hoje. Vamos voltar o relógio para o momento em que o comprou. No que você estava pensando na hora?"

Eu estava imersa em felicidade por causa das minhas férias em Bali e queria dividir aquele sentimento que transbordava de mim com alguém. Então pensei em Suh Yoon. Eu tinha decidido transmitir pelo menos um pouco desse sentimento para ela também, e minha felicidade aumentou. Segurando o pacote de café, eu sentia que estava caminhando nas nuvens.

"Eu estava tão feliz com a minha boa sorte que queria dividi-la com alguém. Foi muito mais agradável do que quando compro coisas para mim mesma. Era o *Usufruir* perfeito."

"É exatamente isso. O nível mais alto do *Usufruir* é a coexistência (*sang-saeng*, 相生)."

"Coexistência?"

"Sim. A coexistência é o modo mais certeiro de amplificar o poder do *Usufruir*. Quando sua gratidão e sua felicidade no *Usufruir* transbordam, você quer a coexistência."

Ela enfatizou: "Não há maneira mais definitiva de arraigar o *Usufruir* do que investir em relacionamentos e dividir o que você tem, e essa atitude vai por fim lhe devolver uma riqueza ainda maior. Em outras palavras, a coexistência é o investimento mais certo em sua própria riqueza".

A coexistência parecia querer dizer que todo mundo envolvia benefícios de alguma maneira. Minha curiosidade jornalística cresceu novamente. "Não estou muito familiarizada com o conceito de coexistência. Nós não dizemos em geral 'compartilhar'?"

A guru negou com a cabeça devagar.

"Compartilhar vai em uma direção; é uma rua de mão única. É importante se dar conta aqui de que a coexistência não é uma questão de dar e receber. Em geral, um bem para ambas as partes é mais provável de beneficiar seu parceiro, que então volta a corresponder com benefícios para você. Você recebe tanto quanto oferece. Você concorda de antemão. Mas a coexistência não necessariamente significa receber tanto quanto ofereceu."

"Ah... parece que há uma distinção aí."

"A coexistência significa que se eu oferecer primeiro, a energia do universo volta para me trazer uma boa sorte ainda maior. Você pode entender isso com mais facilidade se pensar nos Cinco Elementos (五行) – madeira, fogo, terra, metal e água. A madeira se torna combustível para o fogo, o fogo aquece a terra, a terra forma rochas de metal duras no chão, e a água corre entre as rochas. A água completa o ciclo para cultivar a madeira. Essa é a providência da natureza."

Ao ouvir, eu me imaginava dando e recebendo energia pelo universo. A pequena quantidade de energia que eu compartilhava cresceu devagar, então se tornou grandes quantidades de energia e retornou para mim. Eu sentia como se a energia estivesse atraindo mais abundância para mim. Tudo isso formava um único e grande círculo virtuoso comigo no centro.

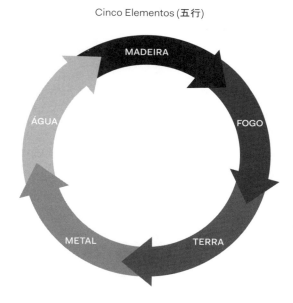

Cinco Elementos (五行)

O que Suh Yoon tinha dito sobre a coexistência me lembrou de duas pessoas ricas de verdade: Bill Gates e Warren Buffett. Os dois se conheceram em 1991, por incentivo da mãe de Gates. Sobre o encontro, ele se lembrou: "Eu não queria ir... Por fim, ela me convenceu. Eu concordei em ficar um pouco, não mais de duas horas, e voltar para o trabalho na Microsoft. Então conheci o Warren... Nós de repente nos perdemos em conversas e horas e horas se passaram". Gates falou sobre como um relatório sobre o problema da pobreza que Buffett tinha lhe dado abrira seus olhos para a ideia de fazer doações. Buffett também prometeu dar 85% de suas ações para a Gates Foundation em 2006 e já contribuiu com 2,1 bilhões de dólares até agora. Os dois participaram do Giving Pledge em 2010 e devolveram mais da metade de seus ativos para a sociedade. Gates se comprometeu a doar 95% de seus ativos, enquanto Buffett se comprometeu com 99%, e os dois levaram outros bilionários a participar também. O valor total do compromisso era de 500 bilhões de dólares. Os dois indivíduos riquíssimos aumentaram vastamente sua própria riqueza ao praticar a coexistência. De acordo com a *Forbes*, os ativos de Gates aumentaram de 50 bilhões em 2006 para 72 bilhões em 2015, enquanto os de Buffett aumentaram de 42 bilhões para 65 bilhões no mesmo período.

Eu falei sobre os dois para Suh Yoon, sugerindo: "Esses dois homens ricos amplificaram o poder de seu *Usufruir* por meio da coexistência. Eles se ajudaram e compartilharam energia positiva com o mundo. Mas sinto que a coexistência praticada pelos super-ricos é bastante distante do que eu posso fazer".

"O método ou objetivo da coexistência não necessariamente é a doação. A outra pessoa pode ser alguém próximo de você ou seu *gui-in*. Mas coexistência significa investir em sua própria sorte financeira, então é preciso prestar muita atenção nisso. Você não pode investir em alguém que é uma bagunça. A técnica é simples. Apenas siga o que os sinais do *Usufruir* lhe dizem."

"Ah... entendi. Você não pode escolher qualquer um para a coexistência."

Suh Yoon assentiu suave e disse com certeza: "É isso. Basicamente, a resposta está em sua própria mente".

#CITAÇÕES DA GURU

"O nível mais alto do *Usufruir* é a coexistência."

"A coexistência significa que se eu oferecer primeiro, a energia do universo volta para me trazer uma boa sorte ainda maior."

"Coexistência significa investir em sua própria sorte financeira, então é preciso prestar muita atenção nisso. Você não pode investir em alguém que é uma bagunça. A técnica é simples. Apenas siga o que os sinais do *Usufruir* lhe dizem."

HISTÓRIA DA GURU
Destinada a fazer muitas pessoas ficarem ricas

As pessoas ricas que seguiam Suh Yoon tinham uma série de êxitos. Elas venciam seus adversários, superavam crises e atraíam ativos exponencialmente maiores. Todas as pessoas que conheciam Suh Yoon enfrentavam momentos importantes na vida; em muitos casos, elas enfrentavam grandes oportunidades ou crises sérias. Suh Yoon as ajudava a agarrar as oportunidades que estavam por um fio ou desviar de tornados que se aproximavam. Seus seguidores mais tarde entenderam que Suh Yoon os tinha colocado no caminho certo. Seu número de seguidores ricos era exorbitante.

Mas, ao se aproximar dos 30 anos, Suh Yoon começou a questionar se seus conselhos tinham uma espécie de efeito borboleta. Se uma pessoa rica que a seguia ganhava alguma competição, o que acontecia com a pessoa que tinha perdido? Se um CEO seguia seus conselhos e fazia uma reestruturação, o que acontecia com as pessoas que eram demitidas como consequência? Se alguém ganhasse uma fortuna investindo em ações ao seguir seus conselhos, o que acontecia com as pessoas que perdiam dinheiro por causa disso? Assim como as borboletas batendo as asas podem criar uma tempestade, ela temia pelas muitas pessoas cujas vidas eram transformadas por seus conselhos. Ela questionava sozinha o significado de sua existência.

Sua tensão mental a levou a adoecer. Ela sofria de problemas de saúde inidentificáveis. Tinha colapsos durante palestras, ou ficava tão fraca alguns dias que não conseguia se mexer. Ela era examinada, mas os médicos não conseguiam diagnosticar nenhuma doença em particular.

Mas quanto mais sofria fisicamente, mais profundo o *insight* de Suh Yoon ficava. Ela sentia muitas coisas com mais clareza, assim como você percebe a força da chuva de uma tempestade e a força de seu vento quando está exposta ao tempo. Ela podia sentir onde esta época tinha começado e para onde estava indo, e como os indivíduos tinham de viver nela. Isso não era algo que se aprendia, mas algo que ela sabia por abrir uma porta e entrar em outro cômodo.

Na época, ela considerava algo que uma professora da escola quando era adolescente tinha dito: "A coisa mais valiosa no mundo é conhecer uma pessoa, confiar nela e investir nela".

Os seguidores que a procuravam e expressavam sua gratidão também a fizeram mudar de ideia. Ela ficou especialmente comovida pela história de um empresário que tinha por volta de 40 anos. O homem tinha sido aconselhado a não viajar para o exterior em um momento específico e cancelou seus planos para as férias. Depois ele ficou sabendo que um acidente sério tinha acontecido na área para onde ele planejava ir. Ele disse: "Muito obrigado. Como posso retribuí-la por ter salvado a vida da minha família?".

Então, certa manhã, bem cedo, Suh Yoon começava sua rotina de meditação como sempre fazia. Ela criou uma nova resolução para aquele dia.

"Se fazer as pessoas ficarem ricas é o meu destino, vou aceitá-lo. Vou fazer o meu melhor para ajudar as pessoas que confiam em mim."

Sua intuição lhe disse que, quando a hora chegasse, ela revelaria o segredo da riqueza para muitos. E alguns anos depois, meu e-mail escrito com sinceridade chegou.

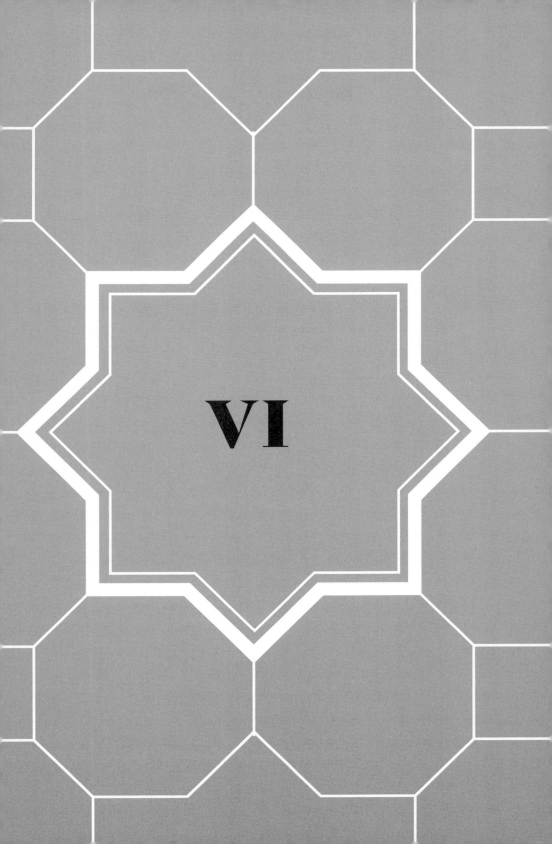

33. Floresta de bambu

O trem parou na estação Arashiyama, nos arredores de Quioto. As pessoas saíam devagar da pequena estação para um dos locais de veraneio favoritos da aristocracia japonesa. Quando saí da estação, o cheiro de umidade chegou ao meu nariz. Eu olhei para o céu e disse: "Vai começar a chover...". Nuvens pairavam baixas no céu de setembro, e um vento refrescante mandava o calor do verão para longe. Não demorou para sentir o ar puro bem fundo nos meus pulmões.

Eu havia encontrado a guru pela última vez havia cerca de dois meses. Tínhamos combinado que esta floresta de bambu, um dos cenários do filme *Memórias de uma gueixa*, seria o local para o encontro de hoje. Atravessei uma velha ponte de madeira para chegar à floresta e parei um pouco, saboreando a atmosfera ao meu redor. Casas de madeira tradicionais japonesas se misturavam harmoniosamente na pequena floresta verde. O vento carregava o aroma da floresta. Fechei os olhos por um momento e inspirei, sentindo o ar puro e fresco se espalhar pelo meu corpo todo. O *Usufruir* veio por si só, e eu estava repleta de deslumbre mesmo sem pensar a respeito. "Ah... que revigorante..."

A emoção me fora estranha a princípio. Com frequência eu me esquecia de praticar o *Usufruir*. Mas assim como um bebê tropeça antes de começar a correr, a essa altura eu já tinha incorporado por completo o *Usufruir* na minha vida. Eu praticava o *Usufruir* inclusive quando não estava gastando dinheiro. Eu tornava cada dia inteiramente meu.

Esses pensamentos me ocuparam enquanto eu caminhava até quase chegar ao lugar combinado para o encontro. Vi Suh Yoon parada ao longe entre os bambuzais. Ela estava usando um vestido envelope preto folgado, quase como um quimono, e seus lábios corados pareciam manchados com a cor das rosas. Com a floresta nebulosa de bambu como pano de fundo, ela era a própria imagem da beleza oriental.

Logo depois que nos cumprimentamos, alegres, caiu uma tempestade. Seguimos pelos caminhos de bambu molhados levando sombrinhas para evitar a chuva, que fazia um som de batuque animado nas árvores ao escorrer das amplas folhas para a terra.

Um pouco à frente, Suh Yoon inclinou ligeiramente o guarda-chuva e olhou para o alto da floresta. Eu parei de andar e disse: "É tão agradável caminhar assim na chuva. Não é preciso nem ter dinheiro para aproveitar um momento como esse. Estou *Usufruindo* agora mesmo!".

Talvez porque eu estivesse com Suh Yoon, as ondas do *Usufruir* pareciam ainda mais poderosas. Ela se voltou e olhou para mim com um sorriso sutil.

Caminhamos devagar para fora da floresta, e a chuva de repente começava a diminuir. Entramos em um barco que estava esperando no cais e seguimos para o restaurante no *ryokan*, onde Suh Yoon estava hospedada. Saímos do barco e subimos um caminho suavemente inclinado até uma casa de 400 anos, então passamos por um gracioso jardim japonês e um lago para chegar ao restaurante. Perdida na cena tranquila, me senti embriagada sem ter tocado em uma gota de álcool.

Quando os primeiros pratos de nosso almoço *kaiseki* começaram a chegar, fiquei impressionada: berinjela ao molho de mostarda, rolinhos de truta em pratos adornados com bambu, minipeixes assados e *noodles* de batata, tudo disposto com charme.

Devorei a comida com os olhos. Era quase bonito demais para comer. Suh Yoon foi a primeira a pegar um rolinho de truta defumada. Eu escolhi o mesmo e imediatamente levei a comida à boca. Os grãos de arroz se misturaram com o sabor defumado na minha boca. Fechei os olhos por um momento e saboreei a comida, então falei: "Da última vez você me disse para passar um tempo sozinha. Faço minhas anotações sobre o *Usufruir* silenciosamente enquanto reflito. É quase como ouvir uma voz na minha cabeça...". Falei as últimas palavras de maneira evasiva.

Eu sentia mais quando experimentava o *Usufruir*. Explorava mentalmente o que queria enquanto usava os sinais do *Usufruir*, e o alvo dos meus pensamentos crescia pouco a pouco. A princípio eu pensava muito e longamente sobre com o que gastar dinheiro. Agora eu tinha dado um passo adiante e pensava sobre que tipo de vida eu queria. Podia ouvir a voz na minha cabeça, mas ainda não a ouvia com clareza.

"Nossos olhos em geral estão no mundo e em outras pessoas", disse Suh Yoon. "Mas quando você fica um tempo sozinha, volta seus olhos novamente para si mesma. E é ao fazer isso que aprende a se comunicar consigo mesma."

Bem nessa hora, o sashimi chegou. A cavala fresca e saborosa se misturou com o *wasabi* picante na minha boca. Aproveitei a comida e pensei em algo que tinha acontecido bem antes de eu ir para o Japão. Eu tinha tentando praticar o *Usufruir* ao me deparar com um envelope que continha uma fatura de cartão de crédito.

Na época, pensei: *Minha conta do cartão de crédito vai vir mais alta este mês já que pratiquei o Usufruir. Mas tudo bem. Estou atraindo mais dinheiro por meio de minhas emoções. Tenho dinheiro para pagar essa fatura.*

Escandalosamente, a conta acabou sendo mais de 500 dólares mais barata do que a do mês anterior! Apanhei e abri minhas faturas de alguns meses anteriores e comparei os extratos de antes e depois de eu ter começado o *Usufruir*.

Eu disse para mim mesma: *Mês passado comprei uma calça jeans de 70 dólares por impulso quando estava estressada. Disseram que era uma promoção com tempo limitado no canal de compras da televisão, então também comprei um jogo de lençóis de 299 dólares dividido em seis vezes. Eu nem o uso agora. Ah, e gastei 189 dólares em mantimentos em promoção, mas nem consegui usar tudo. Agora sei que os sinais do* Usufruir *estavam vermelhos na época.*

A experiência tinha me ensinado a diferença entre o *Usufruir* e esbanjar. Quando eu me sentia feliz a respeito de ter dinheiro, não precisava gastar mais. Muito pelo contrário; em vez disso, eu ficava fiel ao que queria e encontrava equilíbrio em minhas compras. Eu não comprava a rodo, ou por impulso, ou por influência de outras pessoas. Não comprava coisas obsessivamente porque eram baratas ou perdia tempo procurando o melhor preço. Quando eu gastava dinheiro, me sentia em paz e fazia compras de modo mais saudável.

Enquanto isso, minhas emoções atraíam mais dinheiro para mim. Eu nunca tinha ganhado nem 50 dólares aleatoriamente antes, mas agora centenas de milhares de dólares me chegavam com facilidade. Repassando o que tinha pensado até então, eu disse: "Achei que gastaria mais com o *Usufruir*, mas olhando meus gastos descobri que recebi mais do que gastei. É impressionante!".

34. O fim da espera

Então nosso prato principal chegou. Nossos bifes *wagyu* ainda chiavam e os cogumelos selvagens realçavam seu sabor. Eu me sentia ainda melhor ao comer o arroz branco empapado. Fiz a última pergunta que tinha preparado.

"Na verdade, senti que estou passando por uma espécie de seca com o *Usufruir* ultimamente. Eu não tive um episódio de boa sorte em cerca de duas semanas. Estava um pouco confusa a princípio, mas minhas anotações sobre o *Usufruir* me ajudaram. Pude ver nos meus registros que eu estava indo no fluxo rumo à riqueza, então não me deixei vencer pela ansiedade, mas tomei o controle da minha mente."

Suh Yoon respondeu com um sorriso suave: "Sim, qualquer um pode ter um período de seca, assim como pode ter um branco enquanto estuda. Quero primeiro elogiá-la por não ter desistido do *Usufruir* durante esse período de lentidão. Saber como controlar sentimentos negativos é um dos frutos do *Usufruir*, e você progrediu muito com ele".

Suh Yoon então mencionou uma história oriental clássica sobre espera:

As primeiras coisas que você precisa para esperar são confiança e certeza. Com confiança e certeza, você não vai temer esperar e o fim vai inquestionavelmente ser bom. Quando chegar a hora de sua espera acabar, você vai ter visitas não requisitadas: os céus, a terra e uma pessoa. Quando um gui-in vem ajudar você no ambiente proporcionado pela terra no momento estipulado pelos céus, sua espera vai terminar e vai ser hora de uma grande aventura enquanto você cruza um largo rio. Sobretudo, uma norma para o óbvio, o timing *para a chegada de seu gui-in deve ser estabelecido. Não perca a chegada de seus gui-ins, acolha-os com respeito e honre seus desejos para conquistar um bom final* (I Ching, um dos três textos sagrados do Confucionismo).

"Há uma coisa para notar sobre o período de espera: você precisa estar alerta para a tentação de um relacionamento ruim."

Respondi de imediato: "Um relacionamento ruim?".

Suh Yoon segurou sua xícara de chá e olhou brevemente para fora da janela, depois voltou seu olhar para mim e respondeu: "As pessoas precisam tratar relacionamentos valiosos como preciosos, mas se essa atitude se espalhar para relacionamentos ruins, a boa ou má sorte das pessoas é decidida pelo seu relacionamento com outras pessoas. Assim como a boa sorte vem por meio do *gui-in*, a má sorte vem por meio de relacionamentos ruins".

Como repórter, eu tinha visitado pessoas na delegacia diversas vezes por conta de relacionamentos ruins. Um tinha perdido seus bens como fiador de uma dívida para um amigo, enquanto outro tinha sido ludibriado e perdido muito dinheiro. Algumas pessoas tinham estado na delegacia por ataques ou processos que envolviam conflitos familiares e bens herdados.

Eu também pensei em alguém que havia conhecido no colégio. Quando o conhecera, alguns anos antes, ele estava com uma nova namorada. Tinha perdido muito dinheiro em ações e entrado em desespero, então ficou totalmente apaixonado por sua nova namorada, talvez para esquecer seu estresse. Alguns meses mais tarde, fiquei sabendo que a namorada do homem tinha pegado mil dólares emprestado dos amigos dele. E o próprio homem tinha emprestado dezenas de milhares de dólares para a namorada. Pouco depois, ela desapareceu, assim como o dinheiro que tinha pegado emprestado – tanto do namorado quanto dos amigos dele. Ele agora sabia que sua namorada não passava de uma oportunista. E ele tinha perdido alguns de seus amigos no processo também.

Relacionamentos ruins podem ser devastadores. Estremeci e perguntei: "Credo... não gosto nem de pensar em relacionamentos assim. Por que relacionamentos ruins são tão comuns durante um período de espera?".

Suh Yoon parecia pesarosa ao responder. "Relacionamentos ruins são como beijos de demônios, eles se entocam nas partes mais fracas da mente da pessoa. Muitos relacionamentos ruins são como *junk food*: têm um sabor gostoso a princípio, mas são ruins para a saúde no longo prazo. Quando sua mente está instável, é mais fácil você sucumbir a eles."

"Então como posso evitar cair nessa armadilha?"

"A razão pela qual as pessoas entram em relacionamentos ruins é o fato de suas expectativas serem altas demais. Só desejar obter coisas de outras pessoas as cega. Se, por outro lado, você tiver a atitude de 'vou ser a primeira a oferecer' ou 'vou oferecer mais do que vou receber', pode evitar relacionamentos ruins e se envolver nos bons."

Pensei em uma amiga minha. Fazia algum tempo que não entrávamos em contato, e de repente ela me telefonou e pediu alguns milhares de dólares emprestados sem explicação. Depois de vários meses, ainda não havia me pagado. Eu odiava emprestar dinheiro, mas não tinha conseguido desapontá-la. "E se eu já tenho um relacionamento ruim..."

O olhar de Suh Yoon ficou frio. Eu me senti encolher um pouco. A guru disse em um tom de voz tranquilo, mas decisivo: "Você precisa acabar com ele".

Muitas pessoas em relacionamentos ruins se sentem impotentes em suas dores, mas quando pensei a respeito, enxerguei a sabedoria: nós estamos no controle mais do que imaginamos. Temos o poder de nos afastar de um relacionamento ruim. Só precisamos tomar a decisão e ser fortes.

Depois de nossa conversa, eu estava mais uma vez grata por ter conhecido Suh Yoon. Minhas emoções transbordaram ao ver seu rosto. Exclamei: "Tenho tanta sorte por já ter conhecido uma *gui-in* como você. É como o *I Ching* diz: aposto que meu período de espera vai acabar por ter conhecido uma *gui-in*".

#CITAÇÕES DA GURU

"As pessoas precisam tratar relacionamentos valiosos como preciosos, mas se essa atitude se espalhar para relacionamentos ruins, a boa ou má sorte das pessoas é decidida pelo seu relacionamento com outras pessoas. Assim como a boa sorte vem por meio do *gui-in*, a má sorte vem por meio de relacionamentos ruins."

"A razão pela qual as pessoas entram em relacionamentos ruins é o fato de suas expectativas serem altas demais. Só desejar obter coisas de outras pessoas a cega. Se, por outro lado, você tiver a atitude de 'vou ser a primeira a oferecer' ou 'vou oferecer mais do que vou receber', você pode evitar relacionamentos ruins e se envolver nos bons."

ESTUDO DE CASO
Quanto maior o sonho, maior a espera

"Acho que logo vou ter a oportunidade de ser promovido a vice-presidente. O que devo fazer?", perguntou um executivo de uma empresa global de eletrônicos. O homem era considerado um líder emergente, cujo trabalho era impecável e cujas palavras e ações eram cuidadosas. Ele estava animado em relação à sua grande oportunidade.

A guru o aconselhou de forma elaborada: "É melhor você recusar a promoção agora. Este é o momento de organizar seus relacionamentos com aqueles acima e abaixo de você para tornar seu copo forte. Não é o momento de enchê-lo. Se você aceitar a oferta, vai despencar em vez de pairar".

Ela acrescentou: "Não quero dizer que este é o momento de ser passivo e preguiçoso e deitar-se debaixo de uma macieira esperando que as frutas caiam no seu colo. Você deve esperar provocativamente ao investir em você com o *Usufruir*. Lembre-se: quanto maior o sonho, maior a espera. Apenas se você se preparar para o momento certo por meio do *Usufruir* vai poder colher as maiores frutas".

O homem recusou a promoção, e um de seus adversários foi promovido no lugar. Todos queriam saber por que ele não tinha aproveitado sua chance, mas ele estava em paz. Confiava na guru. Ele aguentou calmamente seu tempo de espera e refletiu sobre si mesmo, se empenhando para praticar o *Usufruir*.

Como era de se esperar, sua adversária, que tinha se tornado vice-presidente, foi alvo de um processo judicial por causa de um erro de seu antecessor. Ela foi intimada para várias audiências e não pôde aproveitar a oportunidade para usar suas habilidades de gerenciamento. As ações da empresa caíram, já que ela estava ligada a esses processos, e sua performance, da mesma forma, sofreu. Depois de 3 anos, os acionistas escolheram o homem como diretor executivo. Como resultado de sua confiança na guru e sua espera paciente, ele evitou o azar e foi capaz de agarrar uma oportunidade melhor.

35. O retorno de Saturno

Depois do almoço, nos sentamos uma de frente para a outra em tatames tradicionais japoneses diante de uma mesa baixa. Tínhamos uma vista para um rio tranquilo e árvores verdes pelas portas de correr. O vento estava fresco logo depois da chuva. Os aromas da floresta e da água, o chá verde leve com o canto dos pássaros ao fundo... A harmonia era perfeita. Perdida na atmosfera e olhando para fora da janela, Suh Yoon recitou:

> *Todos os fenômenos – tudo o que acontece na realidade – apenas surgem por falsas noções da Mente. Se a Mente é independente dessas falsas ideias, então todos os fenômenos desaparecem.*

Naturalmente, Suh Yoon tinha tornado esse momento só dela. Dei início à conversa com delicadeza. "Viajei para Quioto logo antes de fazer 30 anos. Foi difícil e frustrante, mas desta vez estou em numa situação melhor."

Suh Yoon segurou sua xícara e serviu um pouco de chá, parecendo sofisticada e cortês. O chá verde leve encheu a xícara com um som claro. "Logo antes dos 30 é quando você aprende as lições mais importantes da vida."

Não parecia ter muito a ver com o *Usufruir*, mas eu disse confortavelmente: "Eu estava no mesmo trabalho há cerca de 5 anos na época. Já tinha o vago sonho de ficar rica e estava economizando dinheiro com afinco para chegar a esse fim. Um dia, eu tinha calculado quanto dinheiro teria depois de 10 ou 20 anos se continuasse naquele caminho. Não importava como eu estimasse, não parecia possível juntar dinheiro para comprar uma casa grande o suficiente, oferecer a educação que eu desejava ao meu filho e não ter de me preocupar depois de me aposentar. Eu tinha finalmente me dado conta de que não poderia ficar rica por meio apenas de meu próprio poder. Foi difícil aceitar que meu sonho estava destruído. Fiquei deprimida e precisava fugir, então viajei para Quioto".

Suh Yoon assentiu com compaixão mais uma vez e disse: "Esse foi o seu retorno de Saturno".

A guru me explicou que um intervalo de 30 anos é geralmente considerado uma geração pelo mundo. Dizem que isso se deve à órbita de Saturno ao redor do Sol, que leva 29,45 anos. Na astrologia ocidental, isso é conhecido como "Retorno de Saturno". Na vida de uma pessoa, são as idades entre 28,5 e 30 anos. Saturno é como um professor severo. Ele exige que você desista de sonhos infantis e ilusões para aprender autoconsciência realística e responsabilidade. Se você usar bem esse período da sua vida, pode superar situações difíceis e despertar para a realidade, então renascer como uma verdadeira adulta.

"O retorno de Saturno em geral acontece entre as idades de 28 e 30 e 58 e 60 anos. Essas são as idades nas quais você perderá suas ilusões e formas errôneas de pensar para dar grandes passos adiante. Se esse tempo for bem usado, você pode dar um salto quântico. Se conseguir se concentrar em sua voz interior por meio do *Usufruir* nessas idades, os efeitos serão drasticamente maiores."

Ela elaborou: "Seu retorno de Saturno pode ser um período de suplícios. Seja corajosa e não o negue. O apelido de Saturno é o 'grande bedel'. Ele tende a usar a vara em vez do incentivo para ensinar as pessoas. Seu retorno de Saturno é um momento de dificuldades no trabalho, dores físicas, problemas com membros da família e outras provações difíceis".

"Ah, então eu estava com dificuldades porque estava no retorno de Saturno?"

Ela assentiu e disse: "Há um termo budista que significa 'bicar mútuo' (啐啄同時). Ele quer dizer que enquanto um pintinho bica do interior do ovo, a mãe galinha simultaneamente bica do exterior da casca para quebrá-lo. É o mesmo conceito do retorno de Saturno. É quando você deseja abrir caminho bicando para sair de seu ovo e se encontra com a energia do universo para quebrá-lo. Toda a sua dor nesse período a ajuda a sair do ovo. Quando você rompe a casca para sair para o mundo real, pode usar a sorte ao máximo para mudar sua vida".

Depois de conhecer Suh Yoon, procurei exemplos reais disso: pessoas que tinham usado o retorno de Saturno para quebrar sua casca e dar um salto quântico. Gautama Buddha nasceu príncipe, mas renunciou a tudo aos 29 anos para sair de casa e viajar. Andrew Carnegie aos 30 deixou a companhia ferroviária na qual tinha trabalhado por 12 anos para se concentrar em seu negócio. Ele mais tarde se tornou um magnata das ferrovias e fundou uma série de siderúrgicas e caldeiras. Thomas Edison construiu seu próprio laboratório aos 29 e deu início a seu caminho como inventor. Ele inventou e comercializou com sucesso o microfone de carbono naquele ano e inventou o fonógrafo no ano seguinte.

Mas eu não tinha tempo para pensar em figuras históricas enquanto conversava com a guru. Queria chorar com a ideia de que eu tinha perdido meu retorno de Saturno. Eu sentia como se tivesse me deparado com um muro em minhas ambições e não tivesse coragem de quebrar a casca do meu ovo. Em vez disso, eu tinha sido idiota e escolhido desistir da esperança. Uma vida sem esperança era deprimente. Como um livro de exercícios com as respostas já anotadas, nada parecia interessante.

Nervosa, perguntei: "O que eu devo fazer? Já passei pelo retorno de Saturno e não quebrei minha casca. Queria ter praticado o *Usufruir* na época em vez de ter desistido de ficar rica. Vou ter que esperar até os 60 anos agora?".

Ela respondeu, de maneira elegante, mas com tenacidade: "Não. Não se preocupe. As lições que você aprendeu durante seu retorno de Saturno ainda são válidas. Se você se deu conta de seu significado, pode romper sua casca".

A sugestão de que eu ainda tinha uma chance me deixou respirar tranquila. Senti a esperança crescendo dentro de mim novamente. Eu posso estar 10 anos atrasada, mas ainda tenho a intenção de adentrar o mundo como um pintinho saindo do ovo. Enquanto isso, Suh Yoon estava do lado de fora do meu ovo, me ajudando a quebrá-lo. Eu poderia não ter muito tempo sobrando até que a casca se rompesse.

#CITAÇÕES DA GURU

"O retorno de Saturno em geral acontece entre as idades de 28 e 30 e 58 e 60 anos. Essas são as idades nas quais você perderá suas ilusões e formas errôneas de pensar para dar grandes passos adiante. Se esse tempo for bem usado, você pode dar um salto quântico. Se você conseguir se concentrar em sua voz interior por meio do *Usufruir* nessas idades, os efeitos serão drasticamente maiores."

"Há um termo budista que significa 'bicar mútuo' (啐 啄 同 時). Ele quer dizer que enquanto um pintinho bica do interior do ovo, a mãe galinha simultaneamente bica do exterior da casca para quebrá-lo."

"Toda a sua dor nesse período a ajuda a sair do seu ovo. Quando você rompe a casca para sair para o mundo real, pode usar a sorte ao máximo para mudar sua vida."

EXEMPLO
O que não te mata te torna mais forte

"Se você puder usar as provações do seu retorno de Saturno para o bem, milagres surpreendentes acontecerão. Um pintinho preso em seu ovo e um pintinho solto no grande mundo não podem ter os mesmos sonhos. Aceite suas expectativas e a imagem do seu futuro nesse período de mudança e adapte suas ações", explicou Suh Yoon.

Estudei exemplos de pessoas famosas que superaram com sucesso os suplícios do retorno de Saturno: Bill Clinton, ex-presidente dos Estados Unidos, voltou para o Arkansas depois de se formar na Faculdade de Direito de Yale e se candidatou à Câmara dos Deputados aos 28 anos. Ele perdeu por meros 5 mil votos. Quatro anos depois de sua primeira derrota, ele concorreu ao governo do estado e foi eleito, tornando-se o governador mais jovem da história dos Estados Unidos.

Chung Ju-yung, fundador da Hyundai, passou por dificuldades aos 28 anos quando sua oficina, A-do Service Garage, foi fundida compulsoriamente pelo Japão. Mas ele converteu essa experiência para o bem, ao fundar o grupo Hyundai. Ele fundou a Hyundai com base em seu conhecimento sobre carros que tinha acumulado aos 31 anos e estabeleceu a Hyundai Civil Industries no ano seguinte. O grupo Hyundai é hoje um conglomerado multinacional.

O presidente do SoftBank, Masayoshi Son, sonhava em fundar um negócio de TI global, mas ficou sabendo aos 26 anos que tinha hepatite crônica e que era improvável que vivesse mais de 5 anos. Son devorou 4 mil livros enquanto estava no hospital e tinha um forte desejo de ser bem-sucedido. Ele se recuperou da hepatite e voltou a trabalhar aos 29 anos. Depois de superar seu suplício, ele rapidamente transformou seu negócio no atual SoftBank.

36. Ideias fixas

"E quanto a outras pessoas, como minha mãe, que tem 66 anos? Elas podem usar o *Usufruir* para atrair a boa sorte e ficar ricas?"

Enquanto falava com Suh Yoon, eu pensava em minha mãe, que já tinha passado por seus dois retornos de Saturno. Ela era viúva e continuava de luto pelo marido, mas ainda era saudável e ativa. Dada a expectativa de vida média, ainda deveria ter cerca de 20 anos pela frente. Mas minha mãe não podia gastar dinheiro confortavelmente. Quando implorei que ela aproveitasse a vida, ela disse: "Eu passei minha vida inteira economizando, então como posso de repente me sentir confortável?".

Assim como os pais sempre querem que seus filhos sejam felizes, eu gostaria de que meus pais fossem felizes. Embora meu pai já tivesse falecido, esperava que a minha mãe pudesse passar o resto da vida vivendo o presente. E agora eu sabia que o *Usufruir* era a melhor maneira de fazer isso.

Suh Yoon respondeu inequivocamente: "Nunca é tarde demais. A boa sorte que o *Usufruir* traz não discrimina com base na idade".

Ela baixou a cabeça por um momento, então bebeu de sua xícara e olhou para mim.

"O problema são as ideias fixas."

Eu não esperava por aquela resposta. Ela mudou por si só o modo como penso. "Se você já está presa em ideias fixas, ainda que esteja apenas na casa dos 20 anos, vai achar difícil notar os efeitos do *Usufruir*. Se, por outro lado, ainda estiver livre de ideias fixas aos 70 ou 80 anos, pode ficar rica a qualquer momento por meio do *Usufruir*."

"Ah, então não é um problema de idade. Mas as pessoas tendem a ter mais ideias fixas quando são mais velhas, então suas concepções não são tão flexíveis. Basicamente, se você estiver livre de ideias fixas, pode ficar rica por meio do *Usufruir*!"

Suh Yoon fechou firmemente os lábios e assentiu.

"Sim. Ideias fixas são lentes pelas quais você tem um vislumbre de sua própria mente, e elas destroem o caminho para a riqueza."

"Então é por isso que eu estava frustrada durante o retorno de Saturno. Olhando para isso de maneira estereotipada, parece não haver modo de ficar rica a não ser economizar seu salário, então você acha que não pode ficar rica e desiste."

Sempre que eu tomava uma decisão, sentia como se minhas ideias fixas estivessem me segurando, agarrando meus tornozelos. Antes de conhecer Suh Yoon, aquelas ideias tinham sussurrado na minha cabeça: *Só pessoas com heranças ou talentos surpreendentes podem ficar ricas. Como uma pessoa comum como eu pode ficar rica? Viver do salário do trabalho é a maneira mais estável de se seguir. O mundo é um precipício. É só ver as notícias. Muitas pessoas estão arruinadas.*

Por ter refletido tanto, minha curiosidade jornalística aflorou. Eu queria explorar esse tópico um pouco mais detalhadamente. "Ideias antigas não estão sendo quebradas pouco a pouco à medida que a tecnologia da informação se desenvolve e a quarta revolução industrial se desenrola? A sociedade está ficando mais diversificada hoje. Apenas alguns anos atrás, era considerado melhor se tornar um médico ou um advogado do que conseguir um emprego em uma empresa que pagasse bem, mas agora isso não é necessariamente verdade. Mais pessoas estão começando seus próprios negócios ou passando a viver de seus hobbies e tendo sucesso dessa forma."

Suh Yoon sorriu e assentiu como para concordar.

"Certo. Essa é uma boa observação. Mas algumas pessoas não quebram a casca com tanta facilidade."

Ela tomou um gole de seu chá tranquilamente e olhou para mim. Seus olhos estavam afiados como facas.

"O que dissemos que era o mais importante sobre o *Usufruir*?"

Eu respondi, reflexiva: "As emoções?".

"Sim, é isso. As ideias fixas que ainda não foram quebradas com facilidade são aquelas amarradas a emoções."

Eu inclinei a cabeça, sem ter certeza se eu entendia. Ao ver minha incerteza, ela sorriu e prosseguiu. "Vamos presumir que sua amiga tenha se divorciado. O que você lhe diria?"

"Bem... ela deve estar passando por dificuldades, então eu tentaria consolá-la primeiro..."

Suh Yoon saltou com essa ideia. "É exatamente isso. Essa é uma ideia fixa sobre as emoções."

Seus olhos irradiavam uma energia poderosa. Ela estava parecendo uma revolucionária sedutora.

"Todos nós decidimos o que é bom e o que é ruim e regulamos nossas emoções socialmente de acordo com isso. Terminar com alguém que amamos, não se sentir bem de saúde, estar com os negócios fora dos trilhos... Essas são sempre coisas difíceis e lamentáveis?"

Eu pensei por um momento, então neguei com a cabeça. "Nem sempre, não. Incidentes como esses sempre fazem parte das histórias de sucesso de pessoas famosas. Às vezes um negócio ficou enorme com base em suas experiências de fracasso alguns meses depois de sua fundação. Ou o divórcio de alguém se torna um gatilho para que a pessoa mergulhe no trabalho e se torne um escritor de renome mundial. Coisas assim acontecem."

"Eu analisei dezenas de milhares de casos, e há sempre uma reviravolta. Com frequência, algo doce oferecido em um momento crítico se torna venenoso mais tarde, ou alguma coisa tipicamente considerada lamentável dá à pessoa uma oportunidade de renascer. No meu caso também, minha fraqueza física me ajudou a me dar conta de coisas que eu não teria percebido de outra maneira e que ajudaram meu trabalho a progredir."

"Bom ponto. Eu nunca tinha pensado nessas emoções como ideias fixas. Muitas coisas parecem diferentes se você apenas mudar sua atitude."

Suh Yoon disse firmemente: "Sim. Ideias fixas sobre emoções não são uma verdade científica, mas apenas uma sabedoria convencional. O problema é quando as pessoas ficam presas a elas. As ideias fixas são amarradas a sentimentos em particular, então elas fazem parecer que não há nada ali além de uma porta já fechada. Elas tornam a pessoa incapaz de ver outra porta escancarada logo ao seu lado, se ao menos virasse a cabeça naquela direção".

Eu me senti cheia de uma nova energia e segurança enquanto a observava. Era como se ela mesma tivesse aberto uma nova porta bem na minha frente. Eu pensei em como eu tinha sucumbido ao desespero e me fechado, quando tivera dificuldades no passado. Mas se a maioria dessas emoções viessem de ideias fixas, então em vez de me desesperar eu deveria apenas virar minha cabeça e ver uma nova porta aberta.

Seu tempo é limitado, então não o jogue fora vivendo a vida de outra pessoa. Não fique presa pelo dogma – que é viver com os resultados das ideias de outras pessoas. Não deixe o ruído da opinião de outras pessoas sufocar sua própria voz interior. E, mais importante, tenha coragem de seguir seu coração e sua intuição.
STEVE JOBS

#CITAÇÕES DA GURU

"Nunca é tarde demais. A boa sorte que o *Usufruir* traz não discrimina com base na idade."

"Ideias fixas são lentes pelas quais você tem um vislumbre de sua própria mente, e elas destroem o caminho para a riqueza."

"Com frequência, algo doce oferecido em um momento crítico se torna venenoso mais tarde, ou alguma coisa tipicamente considerada lamentável dá a pessoa uma oportunidade de renascer."

"Ideias fixas sobre emoções não são uma verdade científica, mas apenas uma sabedoria convencional. O problema é quando as pessoas ficam presas a elas. As ideias fixas são amarradas a sentimentos em particular, então elas fazem parecer que não há nada ali além de uma porta já fechada. Elas tornam a pessoa incapaz de ver outra porta escancarada logo ao seu lado, se ao menos virasse a cabeça naquela direção."

EXEMPLO
Mesmo em anos tardios

Depois de me encontrar com Suh Yoon, procurei exemplos de pessoas ricas de verdade que tinham acumulado grandes fortunas mesmo em idade avançada. Elas haviam se livrado das ideias fixas que tinham guiado suas vidas e usado o *Usufruir* para atrair abundância para elas.

Momofuku Ando sofreu um infortúnio em 1957. A cooperativa de crédito que ele presidia de repente faliu. Ele tinha 47 anos e não lhe restava nada além de uma casa. Embora ele não tivesse um meio para ganhar a vida, não se desesperou. Seu avô, que o tinha criado, sempre dissera: "Não importa quão difícil a vida seja, não perca as esperanças. Acredite em si mesmo e estude, e você vai ficar rico um dia".

Um dia, Ando viu pessoas formando uma fila para a sopa. Ele decidiu desenvolver um macarrão que as pessoas pudessem comer com praticidade. Na verdade, ele não tinha experiência ou conhecimento em relação a alimentos ou nada que o valha, mas as palavras de seu avô ecoavam em sua mente, e ele fez repetidas pesquisas dentro de um pequeno porão. As pessoas tiravam sarro dele, mas ele tinha certeza de que teria sucesso.

No ano seguinte, ele viu, por acaso, sua esposa fazendo frituras. Aquilo foi o estopim para sua criação do primeiro macarrão instantâneo, aos 48 anos. Aos 61, ele expandiu seus negócios, desenvolvendo um ramen no copo que poderia ser preparado apenas com a adição de água. Ele ficou conhecido como o Rei do Ramen, e até sua morte, aos 97 anos, ele comia ramen em uma das refeições todos os dias. Sua vida contradisse não apenas o estereótipo de que a inovação é território dos jovens, mas também o estereótipo de que ramen não é saudável.

O fundador e presidente da Samsung, Lee Byung-chul, decidiu mergulhar no negócio do semicondutor quando ele tinha 73 anos de idade:

"Você precisa de muito dinheiro para investir em semicondutores e a expectativa de vida do produto é curta, então é um negócio muito arriscado. Além disso, nós não temos ninguém pesquisando isso. Mesmo se você começar agora, vai levar 20 anos para alcançar seus adversários. Não dá para ter sucesso nesse negócio." Os executivos estavam desdenhosos e a oposição era grande. Custava cerca de 1 bilhão de dólares para fazer uma única linha de produção de semicondutor na época – um investimento de custo muito alto. Lee pensou muito por bastante tempo.

Se esse negócio fracassar, a empresa pode ser arruinada. Eu quero mesmo essa responsabilidade aos 73 anos de idade?

Mas ele tinha certeza de que o futuro da Samsung estava em semicondutores, e ele decidiu assumir o desafio. Ao contrário do que temiam os investidores, a Samsung desenvolveu e exportou com sucesso um novo produto semicondutor naquele mesmo ano. Lee continuou fazendo o máximo que podia pela companhia até falecer, aos 77 anos. Poucas pessoas, seja no Oriente ou no Ocidente, arriscam o destino e conseguem ter sucesso em uma nova indústria perto dos 70 anos de idade.

O salto de Lee para uma nova área de negócio mudou o destino de sua companhia. A Samsung alcançou um sucesso incrível em semicondutores, e ficou em 15º lugar na lista das quinhentas maiores empresas globais da *Fortune* de 2017.

37. É difícil ficar rico neste mundo?

"Você acha que agora é mais fácil ou mais difícil ficar rica do que era para a geração de seus pais?", perguntou Suh Yoon.

Eu mesma havia pensado bastante nessa questão antes de encontrá-la, e tinha consultado estudiosos e especialistas para pedir respostas a eles também. Suas respostas nunca variavam; todos disseram que o caminho para a riqueza tinha sido interrompido. Os resultados de uma pesquisa com *millennials* americanos foram parecidos. De 1200 participantes, 54% – mais da metade – disseram: "Não acredito que meu modo de vida padrão vai ser mais elevado do que o dos meus pais".

Eu me lembrei da minha melancolia quando descobri isso e respondi: "Acho que é mais difícil hoje. Meus pais passaram fome e necessidade depois da Guerra da Coreia e tiveram que se endividar até para se casar. Mas com o rápido crescimento econômico dos anos 1970 a 1990 e a maior taxa de juros, foi fácil adquirir bens. Meus pais colocaram dinheiro em poupanças, depois compraram e venderam a casa para fugir da pobreza. Mas não é assim agora. Os especialistas dizem que a mobilidade vertical é impossível agora. A imprensa também fala que é difícil ficar rico sem herdar dinheiro...".

Eu parei aí. Até agora, Suh Yoon tinha dito que qualquer um poderia ficar rico apenas por meio do *Usufruir*, e eu também tinha passado pela experiência de atrair dinheiro por meio do *Usufruir*. Ela também tinha falado sobre fugir de estereótipos. Quando levei em conta como Suh Yoon tinha me oferecido seu melhor todo esse tempo, senti que não podia lhe dar uma resposta baseada em estereótipos. Eu acrescentei com uma voz fraca: "Isso é o que eu pensava, mas...".

Suh Yoon sorriu para dizer que estava tudo bem.

"Pense a respeito por um momento. Há mesmo tão poucas pessoas que ficam ricas sozinhas...?"

Em minha vida como repórter, eu tinha conhecido muitas pessoas bem--sucedidas que tinham enriquecido sozinhas. Uma delas era um universitário que tinha fundado uma empresa cujas vendas chegaram a bilhões de dólares apenas em alguns anos. Alguns homens de trinta e poucos anos ganhavam milhões de dólares investindo em ações. Mas não era relativamente fácil para uma repórter conhecer pessoas ricas?

Um artigo de jornal que eu tinha lido pouco tempo atrás sobre a marca de óculos americana Warby Parker me veio à mente. A Warby Parker foi fundada em 2010 por quatro alunos da escola superior de negócios Wharton. A empresa comercializava óculos a um terço do preço de seus competidores e mandou pares de teste para consumidores, depois passou a vender apenas on-line. No entanto, eles tinham dificuldade em conseguir capital. Seus pedidos de empréstimo foram recusados inúmeras vezes pelos bancos, mas os fundadores nunca hesitaram em sua certeza de sucesso. A empresa se tornou muito bem-sucedida apenas 6 anos depois de sua fundação, com um valor estimado em mais de 1 bilhão de dólares. Ela foi considerada uma das Empresas Mais Inovadoras de 2015 pela *Fast Company*, na frente do Google e da Apple.

Os fundadores da Warby Parker foram da minha turma de MBA. Dois deles eram próximos do meu grupo, e tivemos aulas na mesma sala por 1 ano. Eu me lembro de um e-mail de pesquisa deles dizendo que iam começar um negócio logo antes da formatura. A pesquisa perguntava quanto eu gastava em óculos na época, do que eu não gostava quando encomendava óculos e que preço eu achava adequado para um par de óculos.

Eu também pensei em outro artigo sobre estatísticas e pessoas ricas. De acordo com uma análise do Peterson Institute for International Economics, dos bilionários listados na *Forbes* por mais de 20 anos, a proporção de bilionários que enriqueceram sozinhos estava aumentando. Em 1996, 44,7% dos ricos tinha feito fortuna sozinhos, mas esse número tinha aumentado para 69,6% de todas as pessoas em 2014.

Distribuição de bilionários por fonte de riqueza

Eu parei de pensar e olhei para Suh Yoon. Ela esperava em silêncio que eu continuasse enquanto olhava para o jardim que escurecia. Um pardal entre as árvores perfeitamente intricadas quebrou o silêncio com seu canto. Suh Yoon parecia se encaixar na cena ao observá-la com delicadeza.

Eu disse: "Quando penso a respeito, há algumas pessoas que fizeram fortuna sozinhas nesse mundo, também. Então por que nos conformamos a pensar que ninguém mais pode enriquecer?".

Suh Yoon não respondeu de imediato. Ela esquentou a chaleira mais uma vez, colocou o chá em infusão, inclinou a chaleira e serviu. Segurando sua xícara delicadamente com as duas mãos, ficou em silêncio por alguns minutos. Eu achei que ia explodir de curiosidade. Por fim, Suh Yoon levantou a cabeça e olhou direto para mim. Ela não estava mais imersa na cerimônia do chá e uma luz tranquila brilhava em seus olhos.

"É porque nós nos aprisionamos."

"O quê? Aprisionamos?"

Sua resposta parecia abalar minhas estruturas. "O que quero dizer é que ficamos presos em nossa própria visão de mundo e encarceramos nosso potencial. Qualquer um que conseguir se libertar disso pode usar plenamente seu potencial para enriquecer."

O que ela estava dizendo não tinha me afetado ainda. "Visão de mundo?"

Suh Yoon recomendou que eu primeiro pesquisasse visões de mundo mecanicistas e orgânicas. Eu peguei meu telefone celular mais uma vez e comecei a procurar.

De acordo com a *visão de mundo mecanicista*, o mundo é como uma máquina enorme que pode ser explicada por relações de causa e efeito matemáticas. O indivíduo e o mundo são completamente separados, e o mundo gira sem consideração por nós. Por outro lado, a *visão de mundo orgânica* sugere que nós não somos meros observadores, mas participantes conectados ao mundo. Não estamos separados do mundo, mas interagimos um com o outro enquanto doamos e recebemos energia.

Depois de ler os resultados da pesquisa, eu me lembrei de algo que aprendi no ensino médio e assenti. Suh Yoon acrescentou: "A visão de mundo orgânica é tradicionalmente a visão de mundo do Leste Asiático. O taoismo diz que 'os céus e eu coexistimos, e eu sou um com toda a criação', e o budismo que 'os céus e eu temos as mesmas raízes, e eu sou um com toda a criação'. O confucionismo diz que 'humanos e toda a criação têm humanidade (仁, *ren*) ou sentido inato de correto (良知, *lianzhi*) e estão unidos'. É assim que, na filosofia oriental, a vida é gerada e criada como o organismo vivo que é a natureza, e as pessoas são mutuamente interdependentes de todas as coisas para viver em harmonia".

#CITAÇÃO DA GURU

"Muitos de nós ficamos presos em nossa própria visão de mundo e encarceramos nosso potencial. Qualquer um que conseguir se libertar disso pode usar plenamente seu potencial para enriquecer."

---

38. Fuja da Matrix

Eu reuni tudo que Suh Yoon tinha falado até então para chegar cuidadosamente a uma conclusão. "De acordo com a visão de mundo mecanicista, somos apenas um componente no mundo. Mas a visão de mundo orgânica parece implicar que podemos mudar o mundo... Estou entendendo certo?"

"Sim, está certo. Lembra-se de que conversamos sobre como as pessoas ricas de verdade veem o mundo?"

"Ah... você disse que as pessoas ricas de verdade moldam o mundo como a massa de um cookie, não é? Usando as emoções. Então elas vivem a visão de mundo orgânica! Elas mudam o mundo como quiserem."

Só então eu percebi de fato por que eu sentia que as pessoas ricas de verdade viviam em um mundo diferente do que eu vivia. Não era por causa das grifes luxuosas e dos supercarros que tinham, mas porque elas viviam de fato uma visão de mundo diferente da minha. Naturalmente, a energia que elas exalavam também era diferente. Eu suspirei e disse: "Poxa... nunca tinha imaginado um mundo fora do caminho que me foi mostrado. Eu só lutava para me encaixar no mundo como uma peça de máquina".

Eu suspirei sem perceber. Suh Yoon deu uma batidinha gentil no meu ombro. Em um instante, ela parecia irradiar uma luz suave e cálida.

"Você não é a única, srta. Hong. A maioria das pessoas aceita uma visão de mundo mecanicista sem pensar a respeito. Elas escolhem viver como pequenos dentes de engrenagem dentro de um mundo que veem como uma enorme fábrica. O potencial delas é acorrentado desde o início, e os limites de quanto elas podem ganhar em seu tempo de vida já estão estabelecidos. Elas acham que precisam controlar sua ganância e fazer sacrifícios, e que só assim podem superar a pobreza."

É claro. Eu tinha aprendido com meus pais e na escola que eu tinha que me tornar parte de uma máquina e abrir mão dos meus sonhos, que precisava reprimir meus desejos de comprar e tinha de economizar o máximo de dinheiro possível, sacrificando o presente para evitar ao máximo os riscos à sobrevivência. É por isso que eu tinha desistido de minhas esperanças de ficar rica 10 anos atrás. Era uma vida sem esperança. Eu nunca tinha sido feliz daquele jeito.

Mas a guru estava dizendo que aquelas ideias eram apenas uma prisão que eu mesma tinha criado e que todo mundo nasce com o potencial latente para ficar rico. Meu coração começou a bater forte ao pensar naquilo. Eu queria fugir daquela prisão.

Suh Yoon perguntou gentilmente: "Você já assistiu ao filme *Matrix*?".

"Sim, é um dos meus filmes favoritos. Já assisti algumas vezes."

"Tente se lembrar da cena em que o herói se dá conta de que está vivendo dentro da Matrix."

Eu me lembrava do momento em que Neo tinha de escolher entre tomar a pílula vermelha ou a azul. Ele escolheu a vermelha e se deu conta de que o mundo em que vivera era dirigido por máquinas. Ele então entrou no mundo real.

"Ah... eu devia estar vivendo dentro de uma Matrix chamada 'visão de mundo mecanicista'. Eu era apenas uma bateria fornecendo energia para as máquinas. Mas agora eu também tomei a pílula vermelha. O mundo parece totalmente diferente!"

"Isso é verdade. O mundo real fora da Matrix não é o mundo que você percebeu até então. No mundo real, você ouve vozes reais e pode liberar seu potencial e mudar o mundo como bem entender. É isso que as pessoas ricas de verdade fizeram. Para elas, todo dia é uma festa que elas vivem como seus 'eus' verdadeiros."

Eu estava confiante enquanto olhava para a guru diante de mim. Eu estava absolutamente confiante de que era capaz de fazer isso.

"O que preciso fazer para fugir da Matrix?"

"Acredite ou não, você já começou a quebrar as paredes da sua prisão. Você removeu as mangueiras que sugavam sua energia."

"O que devo fazer agora?"

"Agora você precisa reiniciar suas coordenadas internas e direcioná-las aonde você quer ir. Você também precisa pensar em como quer influenciar seu mundo modificado. Eu recomendaria que você primeiro desse uma olhada em alguns livros e jornais para ver como as histórias neles parecem diferentes agora."

Eu queria começar imediatamente. Perguntei: "O *Usufruir* vai me ajudar com esse processo, certo?".

"Sim. O *Usufruir* é como a Estrela de Belém aqui. Ele também vai diminuir seu medo e sua ansiedade."

Suh Yoon e eu apertamos as mãos antes de nos separarmos. Eu sentia uma energia poderosa através de seus dedos frágeis. Ela colocou todo o coração em suas palavras, enfatizando cada uma delas.

"Há uma fala no *Matrix* que diz: 'Estou tentando liberar sua mente. Mas só posso lhe mostrar a porta. Você é quem tem que atravessá-la'. É você quem precisa sair da Matrix. Ninguém pode fazer isso no seu lugar. Você está quase lá, srta. Hong. Mais um passo e tudo vai ser mais fácil e rápido do que você imagina."

Depois de me despedir, saí do recinto. Eu me sentia completamente diferente de como tinha chegado, como se estivesse entrando em outra dimensão. Eu sabia com o meu corpo todo que eu já tinha começado a fugir da Matrix. Saí caminhando com energia.

#CITAÇÕES DA GURU

"A maioria das pessoas aceita uma visão de mundo mecanicista sem pensar a respeito. Elas escolhem viver como pequenos dentes de engrenagem dentro de um mundo que veem como uma enorme fábrica. O potencial delas é acorrentado desde o início, e os limites de quanto elas podem ganhar em seu tempo de vida já estão estabelecidos. Elas acham que precisam controlar sua ganância e fazer sacrifícios, e que só assim podem superar a pobreza."

"O mundo real fora da Matrix não é o mundo que você percebeu até então. No mundo real, você ouve vozes reais e pode liberar seu potencial e mudar o mundo como bem entender. É isso que as pessoas ricas de verdade fizeram. Para elas, todo dia é uma festa que elas vivem como seus 'eus' verdadeiros."

"Acredite ou não, você já começou a quebrar as paredes da sua prisão. Você removeu as mangueiras que sugavam sua energia."

"O *Usufruir* é como a Estrela de Belém aqui. Ele também vai diminuir seu medo e sua ansiedade."

"É você quem precisa sair da Matrix. Ninguém pode fazer isso no seu lugar. Você está quase lá, srta. Hong. Mais um passo e tudo vai ser mais fácil e rápido do que você imagina."

39. O que eu realmente quero

"Existe uma diferença entre conhecer o caminho e percorrer o caminho." Eu assisti *Matrix* mais uma vez quando voltei para a Coreia do Sul. O roteiro inteiro parecia estar me dizendo para fugir da Matrix. A diferença entre conhecer o caminho e percorrer o caminho particularmente ressoou em mim. Graças a Suh Yoon, eu conhecia o caminho. Agora eu tinha apenas de trilhá-lo. Suh Yoon tinha me guiado até aqui, mas a última parte cabia a mim.

Eu resolvera fugir da Matrix, mas não tinha certeza por onde começar. Ainda assim, eu não estava impaciente ou inquieta; eu sabia que essas emoções não ajudariam o meu *Usufruir*. Assim como eu tinha feito antes de ir para o Japão, tomei minhas notas sobre o *Usufruir* e fiquei um tempo sozinha. Eu estava bastante confortável, como se estivesse boiando na correnteza de um rio. Tentei refletir tranquilamente sobre estar no fluxo. Relembrando o que Suh Yoon dissera, eu estava em paz.

Tentei examinar minha própria mente enquanto lia jornais e livros, como ela tinha aconselhado. A certa altura, li a história de um empresário que tinha pedido demissão de seu emprego muito bem remunerado para começar seu próprio negócio.

Antes eu teria pensado: *Olha só. Ele lutou por mais de 1 ano e ainda não conseguiu lucro. É melhor viver com conforto e segurança ganhando um salário. Essa é a realidade.*

Mas agora que eu tinha fugido de uma visão de mundo mecanicista, eu lia o mesmo artigo de modo diferente. *A energia dessa pessoa não está mais sendo sugada por um mundo mecanicista. Ele escapou de sua prisão.*

Eu me sentia diferente quando lia histórias de empreendedores famosos também. Antes eu pensava, *essa pessoa deve ser ótima com tecnologia. Outro empreendedor teve uma ideia que mais ninguém teve, e essa mulher trabalhava cem horas por semana. É claro que pessoas bem-sucedidas são uma minoria ínfima. Pessoas comuns como eu não podiam nem sequer sonhar em alcançar o nível delas.*

Mas uma vez que eu tinha decidido escapar da Matrix, eu me sentia diferente. *Aquela pessoa praticou o* Usufruir. *Ela estava certa de seu futuro como uma pessoa rica e ouviu sua própria voz. Depois do que a guru disse, sei por que essas pessoas enriqueceram!*

Na verdade, não tinha sido novidade para mim saber que eu vinha vivendo como um dente de engrenagem em uma máquina, mas eu não acreditava que podia mudar a situação. Eu não conseguia imaginar uma vida sem um salário. Eu pensava que como as pessoas reprimiam tudo para poder sobreviver, eu também precisava fazer isso.

Mas agora eu tinha reunido coragem para fugir da Matrix ao encontrar Suh Yoon mais uma vez e aprender sobre o *Usufruir*, finalmente descobrindo o que eu queria. Eu estava confiante em meu futuro como uma pessoa rica. Eu tinha me convencido a encontrar o que eu queria.

Um dia li uma entrevista no jornal com um ex-jornalista que tinha se tornado romancista. Era como se uma lâmpada tivesse de repente acendido na minha cabeça. Eu gritei: "Quero escrever um livro sobre como ficar rica! Desse modo as pessoas podem aprender sobre o *Usufruir*, mesmo que nunca conheçam a guru pessoalmente!". Tudo ficou evidente no mesmo instante. Meu inconsciente estava me mostrando o caminho para a boa sorte. Eu disse para mim mesma: *É isso! Eu sei o que eu quero! Vou escrever um livro sobre o segredo do* Usufruir*!*

Resolvi publicar o livro nos Estados Unidos imediatamente, para que pessoas do mundo todo pudessem aprender rápido a como enriquecer. Autores coreanos nunca publicam direto nos Estados Unidos antes de publicar no mercado coreano primeiro, e menos de 5% de todos os livros publicados nos Estados Unidos são livros traduzidos de outros países. Não bastasse isso, eu ainda era uma autora que nunca tinha publicado um livro antes. Olhando a questão de um ponto de vista mecanicista, parecia quase impossível para um autor estrangeiro desconhecido das editoras globais publicar um livro com elas.

Mas eu sabia que podia mudar o mundo por meio das minhas emoções, assim como as pessoas ricas de verdade. Eu tinha experimentado mudar o mundo por meio das minhas emoções com o *Usufruir*. Eu consultei os sinais do *Usufruir* sobre a questão de escrever um livro. Tentei sentir o *Usufruir* sobre meu futuro como uma autora de sucesso. A felicidade e o conforto me invadiram. Era claramente um sinal verde. Não hesitei mais. Comecei a escrever um projeto de livro.

Alguns dias depois, tive de fazer uma viagem de negócios para a cidade para me encarregar de algum trabalho da empresa. Olhei pela janela do avião e pratiquei o *Usufruir*. Eu me lembrei do que já tinha e desfrutei do sentimento de escrever um livro de sucesso. Era hora. Alguma coisa dizia clara e vividamente em minha cabeça: "Saia do seu emprego".

Eu achei que tinha ouvido errado a princípio. Mesmo enquanto escrevia meu projeto, nunca havia pensado em deixar meu trabalho. Eu sempre tinha feito parte de uma escola ou empresa. Nunca imaginara uma vida sem um salário e sem ter um lugar aonde ir pela manhã. Mas a voz na minha cabeça ficou mais alta. Ela ressoava potente quando eu acordava de manhã, quando levava meu filho para o jardim de infância e quando estava em reuniões.

Eu me perguntava: *Essa é a voz que Suh Yoon mencionou me dizendo o que eu realmente quero?*

De forma bastante nítida, a voz na minha cabeça respondeu: *É sua própria voz. Você encontrou o que quer e não precisa mais deixar a Matrix sugar sua energia.*

Minha carreira estava na verdade indo bem na época. Eu estava trabalhando como diretora de relações exteriores no ramo coreano de uma empresa de consultoria empresarial global. Eu tinha um salário fixo e me dava bem com meus colegas. Sempre que entregava meu cartão de visitas com o logo da empresa, as pessoas me encaravam com inveja nos olhos. Eu até tinha sido reconhecida por meu trabalho com um aumento de 15% no fim do último ano.

Quando eu disse que ia pedir demissão, meus amigos ficaram perplexos e se opuseram. Meus colegas me aconselharam: "Você vai pedir demissão e escrever um livro numa época dessas? É muito precipitado. Sabe quantos livros são publicados por ano? Escreva como um hobby nos fins de semana!".

Um colega de MBA de quem eu era próxima disse: "Quem consegue sobreviver fazendo apenas o que quer na sua idade? Você pode acabar com sua carreira e ter de ficar só cuidando do seu filho em casa. Desista do seu sonho ridículo e tome juízo!".

40. Percorrendo o caminho

A ansiedade e o medo se infiltraram em mim por meio das vozes divergentes ao meu redor, cheias de estereótipos. Eu pensei: *Talvez elas estejam certas. Não estou mais na casa dos 20 anos. E se eu estiver errada sobre me demitir? Como vou conseguir criar o meu filho? O que as pessoas vão pensar quando eu ficar desempregada? Se eu quero escrever um livro, posso fazer isso com um emprego fixo.*

Cheia de preocupações, mandei um e-mail para Suh Yoon. Escrevi: "A voz na minha cabeça está me dizendo para eu me demitir, mas quando escuto todos que conheço, não tenho certeza. Qual é a resposta certa?".

Ela respondeu alguns dias depois. "Li seu e-mail e acho que você já sabe a resposta. Você precisa de confiança para eliminar a ansiedade; por favor, tente sentir que ela já está em você."

A resposta dela derreteu minha ansiedade como neve na primavera. Eu pensei: *A guru confia em mim. Posso achar a resposta sozinha. Vou me perguntar.*

O e-mail de Suh Yoon tinha me dado a coragem para achar a resposta sozinha. Eu examinei como me sentia quando minha cabeça estava cheia de ansiedade e medo: infinitamente desconfortável. Meu corpo estava tenso, meu estômago doía e eu tinha a sensação de que uma pedra pesada estava esmagando meu peito. Um barulho rodopiava em minha cabeça como um furacão poderoso. O sinal do *Usufruir* estava inquestionavelmente vermelho. Eu gritei: "Ah! O sinal está vermelho. Minhas preocupações e minha ansiedade são todas vozes falsas!".

Eu recebi ajuda com minha decisão de outras direções também. O mundo no qual eu praticava o *Usufruir* parecia estar me mostrando o caminho para a boa sorte.

Pouco depois de o e-mail de Suh Yoon ter chegado, recebi um dia uma ligação de uma agência imobiliária perguntando se eu queria vender meu apartamento. Quando ouvi o valor de mercado do meu apartamento, quase caí da cadeira. Quase 300 mil mais alto do que o valor do ano anterior, era como se eu tivesse economizado 5 mil por mês durante 5 anos!

O *Usufruir* tinha me trazido uma colheita inesperada sem eu ter gastado um centavo! Enquanto assinava o contrato de venda, aquilo ainda me deixava impressionada.

"Esse é um milagre do *Usufruir*! Então é assim que é o mundo do *Usufruir*!"

Na noite depois que vendi meu apartamento, minha família e eu jantamos agradavelmente em um restaurante francês famoso. Eu comprei um belo terno para o meu marido, e para o meu filho, um trenzinho elétrico que ele queria. Eu estava extasiada; gastar esse dinheiro provava que eu tinha muito. Tomando um vinho caro, eu pensei: *Uau! Todo esse dinheiro me alcançou... É incrível!*

Alguns dias depois, eu estava na fila da cafeteria na frente do meu escritório praticando o *Usufruir*, como de costume. Mas alguma coisa parecia estranha na minha mão. Olhei para baixo e vi o cartão da minha empresa partido em dois, como se tivesse sido cortado por uma faca. Eu não tinha caído ou batido em nada, mas o plástico rígido estava quebrado. Eu fiquei tonta como se tivesse sido atingida por um martelo. Era uma resposta clara me dizendo o que fazer. Eu exclamei: "Este é um sinal do mundo do *Usufruir*. Preciso obedecer à voz na minha cabeça agora mesmo".

Fui para o trabalho e marquei uma reunião com o CEO sem hesitar ou nada do tipo. Informei que estava me demitindo para escrever um livro. Quando saí do escritório, minha mente estava calma como um lago e eu, preenchida por uma felicidade plácida. Alguns dias depois, coloquei todas as minhas coisas numa caixa e deixei o meu emprego. Ao chegar em casa, mandei um e-mail para Suh Yoon e contei a ela sobre a minha decisão. Dormi mais tranquila do que nunca.

Acordei bem tarde na manhã seguinte, porque eu não tinha um emprego para o qual correr nem uma agenda lotada. Meu celular em geral já estaria tocando loucamente, mas agora estava silencioso. O cheiro do café se espalhava pela casa e eu sentia como se a própria Suh Yoon estivesse diante de mim, com seu sorriso misterioso. Eu me imaginei tomando café com ela e segurei minha xícara com as duas mãos, saboreando profundamente seu aroma.

Então meu telefone reviveu, voltando a tocar. Era uma chamada de vídeo. Eu tinha que atender. *Hã? É uma ligação de Suh Yoon!*

Era a primeira vez que ela me ligava. A guru sorriu contente no brilho da luz do sol no vídeo. Atrás dela havia uma bela vista de montanhas e um lago. Ela disse que estava em uma hospedaria perto de um lago na Nova Zelândia. Usando uma camiseta branca e calça jeans desbotada, ela parecia brilhar radiante como o sol. Demonstrava estar mais saudável e com mais energia do que nunca.

Eu podia sentir sua energia poderosa mesmo depois de termos terminado a chamada. Eu estava reconfortada por ter seu apoio. Imediatamente me sentei ao meu computador e escrevi meu projeto de livro, e depois mandei por e-mail para os principais agentes literários dos Estados Unidos.

Duas semanas se passaram. Eu tinha recebido muitas cartas de rejeição de agentes durante aquele período, mas minha mente permanecia inabalável. Eu estava certa de que trilhava o caminho da boa sorte com o *Usufruir*.

Então, certa manhã, acordei e dei uma olhada no celular, como de hábito. Um e-mail de um remetente desconhecido chamou minha atenção. Era de uma renomada agente americana. Ela escreveu que tinha lido meu projeto de livro e queria assinar um contrato. Eu pulei da cama feito uma mola, como na manhã em que tinha recebido a primeira resposta de Suh Yoon. Eu não podia ter previsto que esse e-mail chegaria, mas não estava surpresa. Eu sabia que tinha criado meu próprio futuro num mundo do *Usufruir*.

Agora estou trilhando esse caminho, um caminho que se estende para a floresta desconhecida diante de mim. Mas não estou ansiosa ou com medo. Eu sei que seguir esse caminho vai me levar à riqueza. O sol está brilhando, o ar está fresco e os pássaros estão cantando. Quando olho ao meu lado, vejo o sorriso cálido de Suh Yoon me incentivando a ir adiante. Estou vivendo o momento. Isso é o *Usufruir*.

Notas

CAPÍTULO 13: *GUI-IN* **(pp. 75-82)**
pp. 76-77: Jane Cai, "Alibaba Founder Jack Ma Sets up Australian Scholarship Program in Honor of Late Friend". *South China Morning Post*, 3 de fevereiro de 2017.

CAPÍTULO 20: SENTIR-SE CONFORTÁVEL (pp. 117-120)
p. 119: Wei Chun, *True Stories About Jack Ma* (Seul: Youngjindotcom, 2016 Em coreano.)

CAPÍTULO 22: QUANDO VOCÊ NÃO CONSEGUE DEIXAR DE FICAR NERVOSO (pp. 127-134)
p. 127: "The Millennial Economy-Findings from a New EY & EIG National Survey of Millennials", Economic Innovation Group, set. 2016. Disponível em: <eig.org/millennial>. Acesso em: 30 de novembro de 2022.

CAPÍTULO 29: O FLUXO DA SORTE (pp. 161-164)
p. 163: Peter W. Bernstein e Annalyn Swan, *All the Money in the World: How the Forbes 400 Make – and Spend – Their Fortunes* (Knopf, 2007).

CAPÍTULO 30: A BIFURCAÇÃO DA BOA SORTE (pp. 165-167)
p. 166: O inconsciente armazena dados mentais compartilhados ao longo da história e da cultura humana. Jung via o inconsciente coletivo como um depósito de arquétipos latentes compartilhados por toda a humanidade e acreditava que ele definia o modo como os indivíduos experimentavam o mundo.
p. 166: Marilyn Wedge, "Reflections on Milton Erickson". *Psychology Today*, 17 de dezembro de 2011.

CAPÍTULO 31: O PODER DO INCONSCIENTE (pp. 168-172)

p. 168: "Masayoshi Son Live 2011", março de 2010. Disponível em: <softbank.jp>. Acesso em: 27 de novembro de 2022.

p. 169: Brad Stone, *The Everything Store: Jeff Bezos and the Age of Amazon* (Nova York: Little, Brown and Company, 2013).

p. 169: Chip Bayers, "The Inner Bezos". *Wired*, 7 de março de 2018.

CAPÍTULO 32: COEXISTÊNCIA (pp. 173-178)

p. 173: *Sangsaeng* significa estímulo mútuo. *Sang* (相) quer dizer "mútuo" ou "junto", e *Saeng* (生) significa "viver" ou "sobreviver".

p. 174: Os Cinco Elementos se referem à ideia de que todos os fenômenos naturais e humanos podem ser explicados por meio de cinco propriedades: madeira (木), fogo (火), terra (土), metal (金) e água (水).

p. 175: Bill Gates, "25 Years of Learning and Laughter", 5 de julho de 2016. Disponível em: <gatesnotes.com>. Acesso em: 27 de novembro de 2022.

CAPÍTULO 35: O RETORNO DE SATURNO (pp. 188-192)

p. 192: Timothy Richard, *The Awakening of Faith of Ashvagosha.* (Jazzybee Verlag, 2012).

p. 192: "Bill Clinton Political Career", CNN, 1997 (arquivado do original em 20 de setembro de 2002; restaurado em 30 de agosto de 2011).

p. 192: Ju-yung Chung, *Trials May Not Fail.* (Jesamkihwaek, 1991. Em coreano.)

p. 192: Atsuo Inoue, *Aiming High: A Biography of Masayoshi Son* (You-Teacher Inc., 2013).

CAPÍTULO 36: IDEIAS FIXAS (pp. 193-198)

p. 198: Eunsik Wu, "1983 Tokyo Announcement... Writing a Semiconductor Mythology". *Newsis*, 30 de junho de 2013.

CAPÍTULO 37: É DIFÍCIL FICAR RICO NESTE MUNDO? (pp. 199-202)

p. 199: "The Millennial Economy-Findings from a New EY & EIG National Survey of Millennials", op. cit.

p. 200: Os fundadores eram Neil Blumenthal, Andrew Hunt, David Gilboa e Jeffrey Raider. Ver "In Focus: Warby Parker Eyewear". *Vogue*, 22 de fevereiro de 2010.

p. 200: Vanessa O'Connell, "Warby Parker Co-Founder Says Initial Vision Was All About Price". *Wall Street Journal*, 18 de julho de 2012.

p. 200: Caroline Freund e Sarah Oliver, "The Origins of the Superrich: The Billionaire Characteristics Database". *Peterson Institute for International Economics*, fevereiro de 2016.

p. 201: "Como é bem sabido, Descartes presumiu que havia uma divisão fundamental entre mente e matéria, ou seja, entre o processo mental e o físico. O mundo material era, portanto, concebido como uma máquina, com leis mecânicas governando seu comportamento – a saber, as Leis de Newton de movimento da matéria. A mente e seu processo eram capazes de entender essas leis por meio de suas próprias leis internas de raciocínio. A natureza era ela mesma sujeita a leis mecânicas de modo que todas as criaturas no mundo eram máquinas complexas. Esse paradigma permanece central para o entendimento burguês da relação entre indivíduos e sociedade, e entre a humanidade e a natureza em geral." David Hookes, "The 'Quantum Theory' of Marxian Political Economy and Sustainable Development", 2009. Disponível em: <http://pcwww.liv.ac.uk/dhookes/Kingston1.pdf>. Acesso em: 30 de novembro de 2022.

p. 201: "O novo paradigma pode ser chamado de visão de mundo holística, ao ver o mundo como um todo integrado em vez de uma coleção dissociada de partes. Ele também pode ser chamado de visão ecológica, se o termo 'ecológico' for usando em um sentido muito mais amplo e profundo do que de costume. A consciência ecológica profunda reconhece a interdependência fundamental de todos os fenômenos e o fato de que, como indivíduos e sociedades, estamos todos integrados com o (e por fim dependemos do) processo cíclico da natureza." Fritjof Capra, *The Web of Life: A New Scientific Understanding of Living Systems* (Anchor Books, 1996). [Ed. bras.: *A teia da vida: Uma nova compreensão científica dos sistemas vivos*. São Paulo: Cultrix, 2012.]

CAPÍTULO 38: FUJA DA MATRIX (pp. 203-206)

p. 204: No filme *Matrix*, lançado em 1999 e dirigido por Lilly e Lana Wachowski, Thomas Anderson, um funcionário de escritório comum, se torna um hacker chamado Neo, que encontra o lendário hacker Morpheus para descobrir a surpreendente verdade de que o mundo em que ele vivia não é o mundo real e que é de fato o século XXII, quando todos os humanos vivem em uma Matrix virtual e produzem energia como servidores para máquinas. Neo desperta para a realidade e foge da Matrix, então se junta a uma batalha contra os supercomputadores massivos que controlam a humanidade. Enquanto combate agentes plantados pelos computadores dentro da Matrix, Neo se dá conta de que pode usar suas próprias habilidades ilimitadas para se mover livremente pela Matrix.

p. 204: No filme, Morpheus mostra a Neo uma pílula vermelha e uma pílula azul e diz: "Se tomar a pílula azul, a história acaba. Você acorda na sua cama e acredita no que quiser acreditar. Se tomar a pílula vermelha, fica no País das Maravilhas e eu lhe mostro até onde vai o buraco do coelho".

Agradecimentos

Gostaríamos de expressar nosso apreço: a Jane Dystel e a Harmony Books por sua dedicação a publicar nosso livro, e a Laura Kingdon por traduzir nossa obra para o inglês; a nossas famílias por seu apoio infinito e compreensão; aos leitores da *YooooN Magazine* (www.yoooon.com) por seu apoio e incentivo incansáveis e inestimáveis. Nós lhes agradecemos.

FONTES Bely, Fakt
PAPEL Alva Alvura 90 g/m²
IMPRESSÃO Imprensa da fé